·本书系国家自然科学基金青年科学基金项目“网络经济环境下企业话题创造、营销干预策略与顾客在线参与行为研究”（72202218）、河南省哲学社会科学规划项目“人工智能时代数据隐私的利益平衡机制研究”（2019CJJ094）、河南省高等学校重点科研项目计划“供给侧结构性改革背景下河南制造业价值创造新模式研究”（20A630040）的资助。

用户在线行为数据与企业前端价值创造模式研究

张克一◎著

中国经济出版社
CHINA ECONOMIC PUBLISHING HOUSE
北京

图书在版编目（CIP）数据

用户在线行为数据与企业前端价值创造模式研究 / 张克一著. —北京：中国经济出版社，2023.1

ISBN 978 - 7 - 5136 - 7154 - 5

Ⅰ.①用… Ⅱ.①张… Ⅲ.①日用电气器具 - 营销管理 - 互联网络 - 用户 - 行为分析 - 研究 Ⅳ.①F407.6

中国版本图书馆 CIP 数据核字（2022）第 203710 号

责任编辑　张利影
责任印制　马小宾
封面设计　华子图文

出版发行　中国经济出版社
印 刷 者　河北宝昌佳彩印刷有限公司
经 销 者　各地新华书店
开　　本　710mm × 1000mm　1/16
印　　张　10.5
字　　数　140 千字
版　　次　2023 年 1 月第 1 版
印　　次　2023 年 1 月第 1 次
定　　价　80.00 元
广告经营许可证　京西工商广字第 8179 号

中国经济出版社 网址 www.economyph.com **社址** 北京市东城区安定门外大街 58 号 **邮编** 100011
本版图书如存在印装质量问题，请与本社销售中心联系调换（联系电话：010 - 57512564）

摘 要

在动态市场环境下，企业需要满足更加多元化的市场需求，尤其是对用户需求体验的强调使得市场细分更加精细。同一类型的产品，可能由于用户体验的微小差别直接导致市场份额流失。企业的创新周期越来越短，研发部门应鼓励创新，并迅速将创意转变为有市场价值的产品概念，才能为企业创造独特的竞争优势。此外，随着智能互联网的普及、社交媒体的广泛应用，用户个体主动能力得到极大提高，其作为新产品的终端使用者，在利用网络表达需求意愿，提供新产品开发所需的市场信息、潜在问题解决方案以及相关创意方面，对企业开发和完善新产品概念具有巨大的创新价值。在这样的背景下，越来越多的企业开始构建开放性的资源创新平台，吸纳更加分散化与多元化的创新用户，利用其独特的消费经验、知识、技术和创造能力，与企业内部资源有机融合，通过用户个体性知识投入、社区群体性知识产出，进一步转化为符合企业目标价值的知识创新战略模式，这种新兴战略模式已成为企业应对动态市场环境而实施创新战略的关键。因此，在新经济环境背景下，由于智能互联时代激烈的竞争环境、快速变化的市场需求以及消费行为多元化与用户体验需求升级的聚焦，企业应进行组织变革，构建开放性的资源创新平台，与用户保持零距离接触，将企业的创新模式从传统内部封闭独立的创新，转变为能够有效整合各种优势资源，实现企业与用户价值共创的开放性创新。因此，用户参与新产品开发前端创新环节知识创造这一领域成为近年来学术界和实业界研究的焦点。

激发用户参与新产品开发前端创新环节知识创造，是企业高效利用外部资源、引入新知识的重要渠道之一，能够有效补齐企业市场需求方面的知识短板，增加企业内部知识的异质性，通过内部知识与外部知识的相互激荡和碰撞，创造性地解决前端创新环节出现的各种问题，提高市场机会识别概率。但同时，由于前端创新环节的非常规性、不确定性以及模糊性等特征增加了用户参与的难度，加之用户参与前端创新的实质是跨组织知识集成及转化，由于用户自身需求、产品知识和创造力等因素的影响，进一步增加了用户参与前端创新环节的复杂性。因此，企业需要为用户提供一个合适的参与平台，合理优化资源配置，并为用户营造积极参与的氛围，及时协调企业与用户、用户与用户之间的创新行为，最大限度地激发用户参与前端创新的积极性，提高用户知识创造力，增加新产品开发成功的概率。作为智能互联网时代具有典型开放式特征的资源创新平台，在线用户创新社区（Online User Innovation Communities，OUIC）打破传统限制，将企业与用户直接对接起来，其高成效和富有创新性的背景特性，成为企业利用外部资源获取用户创意取得前端创新成功的重要创新平台。在 OUIC 中，用户参与前端创新环节知识创造活动，既区别于以软件程序开发的开放源代码的创新行为，也不等同于以提高顾客品牌忠诚度为目的的品牌社区社交活动，其目的在于通过用户参与在线互动，产生丰富且有潜在市场价值的用户创意，并将该创意转化为符合企业目标价值的产品概念。在 OUIC 中，由于前端创新环节高创造性的特殊要求，必须赋予社区用户高度的自由和独立的前端执行活动。但同时，用户创新行为是相对开放和不可控的，用户会产生大量的、多种多样的创意，由于公司战略和资源的限制，大多数用户创意可能并不符合企业的目标价值，即并不是所有的用户创新行为都有利于企业的知识创造活动，只有符合用户和企业共同利益的创意才有潜在的市场价值。因此，企业在创建 OUIC 并实施管理时会面临一个关键问题：如何根据企业的战略目标和资源激发用户的创新行为，产生有利于企业的知识创新成果？这一背景下，在用户参与知识创造的过程中，企业如何选择与自身匹配的资源进行知识创造，并进一步引导用户提高知识创新能力，产生符合企业价值目标的产品创意是本研究的主要研究方向。

本研究的主要内容如下。本书以具有一定高新技术信息支撑的家用电器行业的 OUIC 为研究背景，基于企业对用户创新行为引导的视角，引入用户创意组合管理（Ideation Portfolio Management，IPM）这一重要研究变量，以信息传播理论、组织学习理论、知识管理理论以及信任理论等基础理论为支撑，采用动态纵向的研究方法对用户参与 OUIC 前端创新环节知识创造过程的应用与管理问题进行了多主体、多阶段、多角度、多学科系统全面性的探讨。①通过对信息传播理论、组织学习理论、知识管理理论、信任理论等基础理论，OUIC 新产品开发前端创新环节以及相关研究变量现状进行系统的文献回顾梳理，厘清现有研究的脉络与发展路径，分析现有研究的成果与争议所在，为后续研究奠定坚实的理论基础。②通过对现存文献的阐述与整理，结合本研究的理论框架，提出研究假说，构建一个在新经济环境下，用户参与 OUIC 新产品开发前端创新环节知识创造影响机制的理论模型。③运用文献研究、焦点小组访谈、案例内容分析等定性研究方法，确定情景实验材料、研究变量测量量表以及情景实验步骤。进一步采用 SPSS 22.0 与 AMOS 22.0 等计量统计软件对 3 个情景实验收集的数据进行统计分析，对本研究中提出的理论模型和研究假说进行验证，最后得出研究结论。④对主要的研究结论进行汇总和探讨，在研究结论的基础上总结了理论意义与实践启示，并提出研究存在的局限性以及对未来进一步研究的展望。

本研究的主要结论如下。①在用户参与 OUIC 前端创新环节知识创造活动中，不同创意主题发布模式会对用户选择学习方式路径产生差异性影响。在 B 端创意主题（企业主导发布）下，用户倾向于选择应用式学习；在 C 端创意主题（用户主导发布）下，用户倾向于选择探索式学习。②不论用户选择应用式学习还是探索式学习，都会对用户知识创造力产生显著的正向影响。③用户知识创造力能够提高前端创新绩效；但是，企业实施 IPM 在用户知识创造力与前端创新绩效的关系中起到正向的调节作用。④企业实施 IPM 最佳导入时机的确定。在用户参与 OUIC 前端创新环节知识创造过程中，相对于企业不导入 IPM，无论是在 B 端创意主题（企业主导发布）下，还是在 C 端创意主题（用户主导发布）下，企业实施 IPM 都有利于正向促进用户知识创造力与前端创新绩效间的关系。在 B 端创意主题（企业主导发布）下，相对于创意发展阶段（第二阶段），企业在创意产生阶段（第一阶段）导入 IPM 时，更能提高用户的知识创造力以及前端创新绩效；在 C 端创意主题（用户主导发布）下，相对于创意产生阶段（第一阶段），企业在创意发展阶段（第二阶段）导入 IPM 时，更能提高用户的知识创造力以及前端创新绩效。⑤为进一步验证用户参与 OUIC 前端创新环节知识创造过程中，企业实施 IPM 的最佳时机，拟合不同创意主题发布模式以及在不同阶段导入 IPM 时，用户知识创造力与前端创新绩效间的函数曲线，通过比较函数曲线的特征来对比用户知识创造力与前段创新绩效的差异性，进而确定 IPM 的最佳导入时机。用户参与 OUIC 前端创新环节知识创造过程中，在 B 端创意主题（企业主导发布）下，当企业在创意产生阶段（第一阶段）导入 IPM 时，随着用户知识创造力的提高，其前端创新绩效也在提高，用户知识创造力与前端创新绩效间的函数曲线是非线性的，且边际效用递增；当企业在创意发展阶段（第二阶段）导入 IPM 时，随着用户知识创造力的提高，其前端创新绩效也在提高，用户知识创造力和前端创新绩效间的函数曲线是非线性的，但边际效用递减。在 C 端创意主题（用户主导发布）下，当企业在创意发展阶段（第二阶段）导入 IPM 时，随着用户知识创造力的提高，其前端创新绩效也在提高，用户知识创造力和前端创新绩效间的函数曲线是非线性的，且边际效用递增；当企业在创意产生阶段（第一阶段）导入 IPM

时，随着用户知识创造力的提高，其前端创新绩效也在提高，用户知识创造力与前端创新绩效间的函数曲线是非线性的，但边际效用递减。

本研究的主要创新点如下。第一，在以往用户参与企业产品创新相关研究成果的基础上，证明了在用户参与 OUIC 前端创新环节知识创造活动中，不同创意主题发布模式（B 端创意主题或 C 端创意主题），会对用户选择学习方式产生差异性影响。这一研究结论在一定程度上清晰地揭示出用户参与企业前端创新环节中，不同类型产品知识创新路径机制的差异性。在 B 端创意主题（企业主导发布）下，用户倾向于选择应用式学习，企业可以引导社区用户重点进行新产品核心子系统相关创意的开发；在 C 端创意主题（用户主导发布）下，用户倾向于选择探索式学习，企业可以引导社区用户重点进行新产品周边子系统相关创意的开发。厘清虚拟环境下提高用户自身知识创造力的路径机理，为企业高效利用有限资源并选择所匹配的资源、进行有重点的产品知识创新提供了新的研究视角。第二，基于企业对用户创新行为引导的视角，引入 IPM 这一概念探讨企业在用户参与 OUIC 前端创新环节知识创造活动中扮演的角色作用，并进一步验证其在用户知识创造力与前端创新绩效之间的调节作用。在 OUIC 中，用户创新行为是相对开放和不可控的，加之有限的企业内部资源，并不是所有的用户创新都符合企业的战略目标以及预期价值，因此企业必须对用户创新行为进行引导。但是，企业过多参与或关注过少都会对用户创新行为产生消极的作用，而合理适度至关重要。研究结论证明：在用户参与 OUIC 前端创新环节知识创造活动中，企业实施 IPM 在用户知识创造力与前端创新绩效之间起着正向调节作用。这一结果在一定程度上补充了先前的研究成果，为确定企业在 OUIC 中扮演的管理角色以及进行用户知识管理提供理论支持和实践启示。第三，验证了用户参与 OUIC 前端创新环节知识创造活动中，企业对用户创新行为的最佳干预时机。本研究通过拟合不同创意主题发布模式以及不同阶段，对企业导入 IPM 时用户知识创造力与前端创新绩效间的函数曲线进行研究，结果表明：在B端创意主题（企业主导发布）下，企业在创意产生阶段（第一阶段）实施IPM为最佳导入时机；在C端创意主题（用户主导发布）下，企业在创意发展阶段（第二阶段）实施IPM为最佳导入时机。这一研究结论清晰地揭示出用户参与OUIC前端创新环节知识创造活动中，高（低）用户知识创造力形成的内在机理，并深刻揭示出前端创新绩效的动态纵向变化过程，为企业实施社区用户知识管理实践提供有价值的启示。

关键词：B端创意主题；C端创意主题；应用式学习；探索式学习；知识创造力；前端创新绩效；创意组合管理

目　录

1　**绪论** ………………………………………………………… 1

1.1　研究背景 ……………………………………………………… 1

1.1.1　企业与用户零距离接触 …………………………………… 1

1.1.2　多元化用户体验需求升级 ………………………………… 2

1.1.3　OUIC 的兴起 ……………………………………………… 3

1.2　问题提出 ……………………………………………………… 4

1.3　研究内容与结构安排 ………………………………………… 5

1.3.1　研究内容 ………………………………………………… 5

1.3.2　结构安排 ………………………………………………… 6

1.4　研究方法与技术路线 ………………………………………… 7

1.4.1　研究方法 ………………………………………………… 7

1.4.2　技术路线 ………………………………………………… 9

1.5　本研究创新点 ……………………………………………… 10

2　**理论基础与文献综述** …………………………………………… 12

2.1　理论基础 …………………………………………………… 12

2.1.1　信息传播理论 …………………………………………… 12

2.1.2　组织学习理论 …………………………………………… 22

2.1.3　知识管理理论 …………………………………………… 27

2.1.4　信任理论 ………………………………………………… 33

2.2　用户参与 OUIC 前端创新环节知识创造文献评述 ……… 35

2.2.1　OUIC 概念内涵界定 …………………………………… 35

2.2.2　前端创新环节相关文献回顾 …………………………… 36

2.2.3 OUIC 知识创造过程 …… 45
2.2.4 B/C 端创意主题发布模式 …… 47
2.2.5 用户知识创造力概念内涵界定 …… 49
2.2.6 IPM 概念内涵界定 …… 50
2.3 本章小结 …… 52
3 研究假设与理论模型构建 …… 54
3.1 用户参与 OUIC 前端创新环节知识创造过程 …… 55
3.1.1 B/C 端创意主题对用户应用/探索式学习的作用机制 …… 55
3.1.2 应用/探索式学习对用户知识创造力的作用机制 …… 57
3.1.3 企业导入 IPM 的调节作用 …… 58
3.2 企业导入 IPM 时机研究 …… 61
3.2.1 不同创意主题模式下企业导入 IPM 时机模型构建 …… 61
3.2.2 企业是否应该导入 IPM 研究假设推导 …… 63
3.2.3 企业不同阶段导入 IPM 时研究假设推导 …… 65
3.2.4 企业不同阶段分别导入 IPM 时函数曲线特征 …… 67
3.3 本章小结 …… 69
4 研究方法 …… 72
4.1 研究背景案例描述 …… 72
4.2 案例背景的选定依据 …… 73
4.3 情景实验材料取样 …… 73
4.4 情景实验材料筛选 …… 74
4.4.1 情景实验材料的筛选小组成员选择标准 …… 74
4.4.2 情景实验材料筛选小组成员背景简介 …… 74
4.4.3 情景实验材料筛选过程 …… 76
4.5 情景实验材料创意主题构思信息特征验证 …… 76
4.6 情景实验研究变量测量表题项的开发与设计 …… 78

4.6.1 知识复杂性与隐含性的测量 …… 78
4.6.2 应用式学习与探索式学习的测量 …… 80
4.6.3 用户知识创造力的测量 …… 82
4.6.4 前端创新绩效的测量 …… 82
4.6.5 IPM 的测量 …… 84
4.7 情景问卷内容设计 …… 86
4.8 情景实验问卷信度与效度检验 …… 87
4.9 招募情景实验被试人员 …… 88
4.10 控制变量 …… 88
4.11 本章小结 …… 89
5 情景实验操作以及实验结果分析 …… 90
5.1 情景实验 1：主效应模型的情景实验操作以及假设验证 …… 90
5.1.1 情景实验 1 操作步骤 …… 90
5.1.2 情景实验 1 被试人员基本情况分析 …… 90
5.1.3 情景实验 1 问卷信度与效度检验 …… 91
5.1.4 情景实验 1 的实证结果分析 …… 93
5.1.5 情景实验 1 小结 …… 103
5.2 情景实验 2：在 B 端创意主题（企业主导发布）下企业导入 IPM 时机验证 …… 104
5.2.1 情景实验 2 操作步骤 …… 104
5.2.2 情景实验 2 的实证结果分析 …… 104
5.2.3 情景实验 2 小结 …… 108
5.3 情景实验 3：在 C 端创意主题（用户主导发布）下企业导入 IPM 时机验证 …… 109
5.3.1 情景实验 3 操作步骤 …… 109
5.3.2 情景实验 3 的实证结果分析 …… 110
5.3.3 情景实验 3 小结 …… 113

6 研究结论与展望 …… 115
6.1 研究结论与讨论 …… 115
6.1.1 B/C 端创意主题对用户选择学习方式的影响作用 …… 116
6.1.2 应用/探索式学习对用户知识创造力的影响作用 …… 117
6.1.3 企业导入 IPM 时调节效用 …… 118
6.1.4 企业导入 IPM 最佳时机选择 …… 119
6.1.5 企业导入 IPM 时函数曲线特征 …… 121
6.2 研究的理论贡献 …… 123
6.3 研究的实践启示 …… 126
6.4 研究局限性和未来展望 …… 129
参考文献 …… 131
索引 …… 153

1 绪 论

1.1 研究背景

随着移动互联、大数据和人工智能等技术的发展，我国数字化商业基础设施日趋成熟，互联网普及率超过了70%，进入智能互联的新时代。不仅人们的生产和生活方式发生变化，社会结构和资源配置方式也发生深刻变化，一场基于网络协同新定位的商业变革浪潮正在涌起。

1.1.1 企业与用户零距离接触

在智能互联时代，仅仅依靠企业内部资源进行高成本的创新活动，已经难以适应快速发展的市场需求以及日益激烈的商业竞争。互联网突破了地域、组织、技术的界限。现今，企业间的竞争是用户选择权的竞争，机会多存在于企业可用的创新资源中。因此，整合各种优势资源，构建以用户为中心、平台化服务、社会化参与、开放共享的创新网络，形成创新资源配置全球化、响应市场需求快速化、整体运行高效化的跨领域、网络化的开放式价值共创平台，成为企业转型升级的主导创新商业模式。未来企业将成为资源与用户之间的双向交互创新平台，为此，如何构建快速配置的资源平台，做到与用户零距离接触成为企业组织变革的关键问题。

一方面，随着互联网的普及和社交媒体参与度的提高，用户和企业之间的“接触点”越来越丰富，两者间的距离可以突破传统制约因素无限接近，甚至无缝隙实时连接，而巨大的商业机会也蕴含在与用户零距离的接触中。直接面对用户，倾听用户的声音，感受用户体验，及时处理用户反馈信息，企业处理结果可以从用户的反馈中得到快速验证。充分释放用户的选择权利，为企业产品技术迭代创新、推动商业模式创新赋能。另一方面，面对用户消费个性化、时间碎片化和快速变化的需求，信息传递速度和资源配置机制已经无法适应新兴市场的发展需求。为此，企业必须进行组织变革，打破组织内部层级结构对组织行为以及员工自主行为的束缚，赋予员工决策权、用人权和分配权，进行组织结构上的变革。因此，整合组织内外各种优势资源，利用智能信息技术在用户之间构建起资源快速配置的创新平台，成为组织变革的核心问题。

1.1.2 多元化用户体验需求升级

智能互联时代的到来为消费者需求的复杂化提供了土壤，消费渠道也随之变得多元化。面对多元化的消费需求，企业如何变挑战为机遇，关键在于是否可以解决日渐复杂化、个性化的用户需求与多元化消费之间的冲突，提升用户消费体验。互联网的普及和社交媒体参与度的提高，让用户主动性变强。原来用户能力是有限的，如果用户不在组织内是很难获得组织资源支持的，但是当下互联网赋予了用户极强的主动权，用户非常活跃，希望自己能够参与到价值共创流程中，在满足自己消费需求的同时，自身的价值也得到体现。因此，利用用户个体主动性，从以产品为核心的战略模式过渡到真正以用户体验为中心的战略模式。相比过去的20多年，消费者对于用户体验需求大幅度提升，但是一些企业普遍未能跟上这一变化的步伐。在消费者需求愈加多元化的消费市场环境背景下，消费者希望企业能够提供系统、全面的用户互动体验模式。一方面，多元化的消费者需求给市场提供了更多的机遇；另一方面，随着多元化的消费需求与用户体验需求的不断提升，企业急需通过整合用户的不同消费体验来提升服务水平。企业只有把线上、线下充分整合起来，消除面向用户的各种障碍，并把用户纳入价值共创流程，才能为用户提供精准的体验服务。现如今，普通用户正成为企业的亲密伙伴，用户受内在动力的驱动，如自我提高学习的愿望，更容易自行寻找并解决问题。因此，在用户协助下不断完善体验流程是企业制胜的法宝。

1.1.3 OUIC 的兴起

作为智能互联时代具有典型开放式特征的资源创新平台，OUIC 打破传统限制将企业与用户直接对接起来，其高成效和富有创新性的背景特性，成为企业利用外部资源、获取用户创意、取得前端创新成功的重要创新平台。用户体验需求的升级，使企业更加注重用户精细化运营，对不同需求的人群进行精准营销，提升用户体验感。同样类型的产品，可能由于用户体验的微小差别直接导致其市场份额的流失，企业需要更加关注用户需求才能提高竞争优势。加之用户个体主动能力的增强，其作为新产品的终端使用者，利用网络表达意愿，提供企业新产品开发所需的市场需求信息、潜在问题的解决方案以及相关创意，对企业开发和完善新产品概念具有巨大的创新价值。因此，激烈的竞争环境以及快速变化的市场需求，推动新产品开发前端创新环节，从企业内部独立研发模式转变为利用外部资源共创协作模式。用户参与前端创新环节知识创造活动相关的研究，成为近年来学术界和实业界关注的焦点。因此，企业需要为用户提供一个合适的参与平台，合理优化资源配置并营造积极的用户参与氛围，及时协调用户与用户、用户与企业知识创造活动中的关系，激发用户的参与热情以及提高用户的知识创造力，提高新产品成功开发的概率。用户参与 OUIC 前端创新环节知识创造活动，既区别于以软件程序开发的开放源代码的创新行为，也不等同于以提高顾客品牌忠诚度为目的的品牌社区社交活动，其目的在于通过用户参与在线互动，产生丰富且有潜在市场价值的用户创意，并将该创意转化为具有潜在市场价值的产品概念。OUIC 已经成为企业促进用户创新生成与扩散知识创新战略的重要场所。由用户个体知识贡献、用户与用户之间的知识传递，以及用户与企业之间的知识传递共同构建的在线互动效应，是激发用户创意和促进创新成功的关键驱动力。从组织学习的视角来看，用户参与 OUIC 前端创新环节知识创造活动是一个学习创造的过程，是以传播分享产品相关知识为主要目的的在线互动，是用户与企业进行合作性组织学习和根植性知识创新的过程。

1.2 问题提出

智能互联时代，企业高效整合内外部优势资源，并构建资源与终端用户双向交互的创新平台，已经成为企业突破传统商业模式限制进行开放式创新的战略目标。而具有典型开放式特征的 OUIC，为实施用户深度介入企业新产品开发前端创新环节知识创造活动提供了可实践的途径，为企业与用户“零距离”接触价值共创模式提供了可能。国内知名 OUIC，例如，海尔集团的用户交互智能定制平台、小米公司的米柚（MIUI）；国外戴尔公司的 Dell IdeaStorm、星巴克的 Mystarbucks Ideas 等都是用户参与企业产品创新的成功案例。越来越多的企业纷纷建立 OUIC，鼓励终端用户通过 OUIC 参与企业产品创意设计等活动。因此，从 OUIC 中获取用户创意已成为企业知识创新的关键渠道之一，而利用 OUIC 促进用户创新生产与扩散也成为企业创新战略的重要场所。由于前端创新环节高创造性的特殊要求，必须赋予用户高度的自由和独立的前端执行活动。但同时，用户的创新行为是相对开放和不可控的，用户会产生大量、多种多样的创意，由于公司战略和资源的限制，其中大多数的用户创意可能并不符合企业的目标价值，即并不是所有的用户创新行为都是有利于企业的知识创造活动，只有符合用户和企业共同利益的创意才有潜在的市场价值。因此，企业在创建 OUIC 并实施管理时，会面临一个关键的问题：如何根据企业的战略目标和资源来激发用户的创新行为，产生有利于企业的知识创新成果？在这一背景下，在用户参与OUIC前端创新环节知识创造的过程中，企业如何选择与自身匹配的资源进行知识创造，并进一步提高用户知识创造力，产生符合企业价值目标的产品创意是本研究主要的研究方向。为此，本研究选择具有一定高新技术信息支撑的家用电器行业的OUIC为研究背景，基于企业对用户创新行为引导的视角，引入IPM这一重要研究变量，以信息传播理论、组织学习理论、知识管理理论以及信任理论等基础理论为支撑，采用动态纵向的研究方法，对用户参与OUIC前端创新环节知识创造过程的应用与管理问题，进行多主体、多阶段、多角度、多学科、系统全面性的探讨。在此基础上，构建一个在适应新经济环境下，用户参与OUIC前端创新环节知识创造活动影响机制的理论模型，主要围绕以下四个议题展开研究：①不同创意主题发布模式（B端创意主题或C端创意主题），是否会对用户选择学习方式路径产生差异性影响；②用户选择不同学习方式路径对其知识创造力的影响作用；③用户知识创造力与前端创新绩效的关系，以及企业在此过程中发挥的角色作用；④企业实施IPM的最佳导入时机。

1.3 研究内容与结构安排

1.3.1 研究内容

本研究采用动态纵向的研究方法，对用户参与OUIC前端创新环节知识创造过程的应用与管理问题，进行多主体、多阶段、多角度、多学科、系统全面性的探讨。①对信息传播理论、组织学习理论、知识管理理论、信任理论等基础理论，OUIC新产品开发前端创新环节以及相关研究进行了系统的文献回顾梳理，厘清现有研究的脉络与发展路径，分析现有研究的成果与争议所在，为后续研究奠定坚实的理论基础。②通过对现存文献的阐述与整理，提出研究假说，构建一个在适应新经济环境下，用户参与 OUIC 前端创新环节知识创造过程影响机制的理论模型。③运用文献研究、焦点小组访谈、案例内容分析等定性研究方法，确定情景实验材料、研究变量测量量表以及情景实验步骤。进一步采用 SPSS 22. 0 与 AMOS 22. 0 等计量统计软件对 3 个情景实验收集的样本数据进行统计分析，对理论模型和研究假说进行验证，最后得出研究结论。④对主要的研究结论进行总结，在研究结论的基础上提出建议，并总结研究存在的局限性以及对未来进一步的研究展望。

1. 3. 2 结构安排

本研究主要包括以下 6 章。

第 1 章，绪论。主要介绍了研究背景、问题提出、研究内容与结构安排、研究方法与技术路线和本研究创新点。

第 2 章，理论基础与文献综述。首先，从理论和应用两个方面阐述研究所依据的关键理论支撑；其次，梳理了研究变量的相关概念、特征和研究现状，厘清现有研究的脉络与发展路径，分析现有研究的成果与争议所在，找出研究的起点和方向。

第 3 章，研究假设与理论模型构建。通过对现存文献的阐述与整理，提出研究假设，进一步构建理论模型。其目的是在扎实的理论基础上，确保研究结论的可靠性。

第 4 章，研究方法。利用文献研究、焦点小组访谈、案例内容分析等定性研究方法，确定情景实验材料。定义研究变量，确定变量测量量表，设计情景实验问卷，招募情景实验被试人员以及对涉及的控制变量进行说明。

第 5 章，情景实验操作以及实验结果分析。通过情景实验法收集本研究假设验证需要的相关数据，利用 SPSS 22. 0 与 AMOS 22. 0 等计量统计软件对收集的数据进行统计分析。通过数据分析对研究假设进行一一验证，得出数据验证结果，进一步对研究结果进行分析总结。

第6章，研究结论与展望。对主要的研究结论进行总结，在研究结论的基础上提出建议，并总结研究存在的局限性以及对未来研究的展望。

1.4 研究方法与技术路线

1.4.1 研究方法

本研究拟运用定性研究和定量研究两种研究方法。定性研究方法主要采用文献研究、焦点小组访谈法、案例内容分析法等，定量研究方法主要采用情景实验法和方差分析、聚类分析、独立样本 t 检验、结构方差分析以及多元线性回归等计量统计方法。研究方法这一章节前一部分主要采用文献研究、焦点小组访谈法、案例内容分析法等，确定情景实验的刺激材料以及构建研究变量测量量表；后一部分章节首先运用情景实验法收集相关的研究数据，其次采用 SPSS 22.0 和 AMOS 22.0 等统计软件对收集的数据进行统计分析验证研究中提出的理论模型和研究假设，最后根据统计分析的结果得出本研究结果。具体的研究方法如下。

(1) 利用文献研究、焦点小组访谈法、案例内容分析法等定性研究方法，确定情景实验的刺激材料，建立并优化研究变量测量量表。首先，在回顾梳理文献研究方法时，本研究将现有权威英文文献中有关研究变量的测量量表题项翻译成中文，采用倒译的方法，将翻译成中文的题项再译成英文；通过专家甄别方法，邀请英语和营销有关专家比较两种文字版本的含义，融合专家的修改建议，最终确定研究变量测量量表题项的准确含义。其次，由于本研究涉及的变量偏多且因果关系复杂，因此选择海尔集团用户交互智能定制平台上热门创意和设计中心两个模块上发布的创意主题材料，作为本研究情景实验法的研究材料。再次，对由智能定制平台上管理者、设计师、用户，以及海尔家电部中高层管理者、海尔家电市场销售人员、海尔家电售后人员等组成的情景实验筛选小组，进行深入的访谈和探讨，并对情景实验材料进行筛选，确保情景实验符合国内 OUIC 的实际情况和用户参与前端创新环节的经历。最后，本研究采用专家甄别与内容分析的方法，对研究变量的测量题项进行修改完善，确保研究变量测量量表的内容效度，最终确定适合本研究的测量题项。

（2）在现有心理学与营销学领域的相关文献中，情景实验模拟法在实证研究中的运用是被学术界普遍认可的。该实证方法的关键点在于，可以使研究中复杂变量变得更加容易控制，并且具有很高的外部有效性。其优点在于通过随机分配被试人员和合理设计实验操控的情景材料，控制不必要的干扰因素，提高实验的内部效度。本研究拟采用情景实验的方法，尽可能排除操控因素之外的其他干扰因素。通过招募实验对象和模拟情景设置等步骤分别进行 3 个实验，在每个实验结束后用最终确定的研究变量测量量表设计的问卷对相关数据进行收集。

（3）利用统计学和营销学中的主流统计分析方法，运用 SPSS 22.0 和 AMOS 22.0 统计分析软件对收集的样本数据进行信效度分析，进一步运用构建结构方程、方差分析、聚类分析、独立样本 t 检验，以及多元线性回归等统计方法，对研究的理论模型和研究假设进行验证。

1.4.2 技术路线

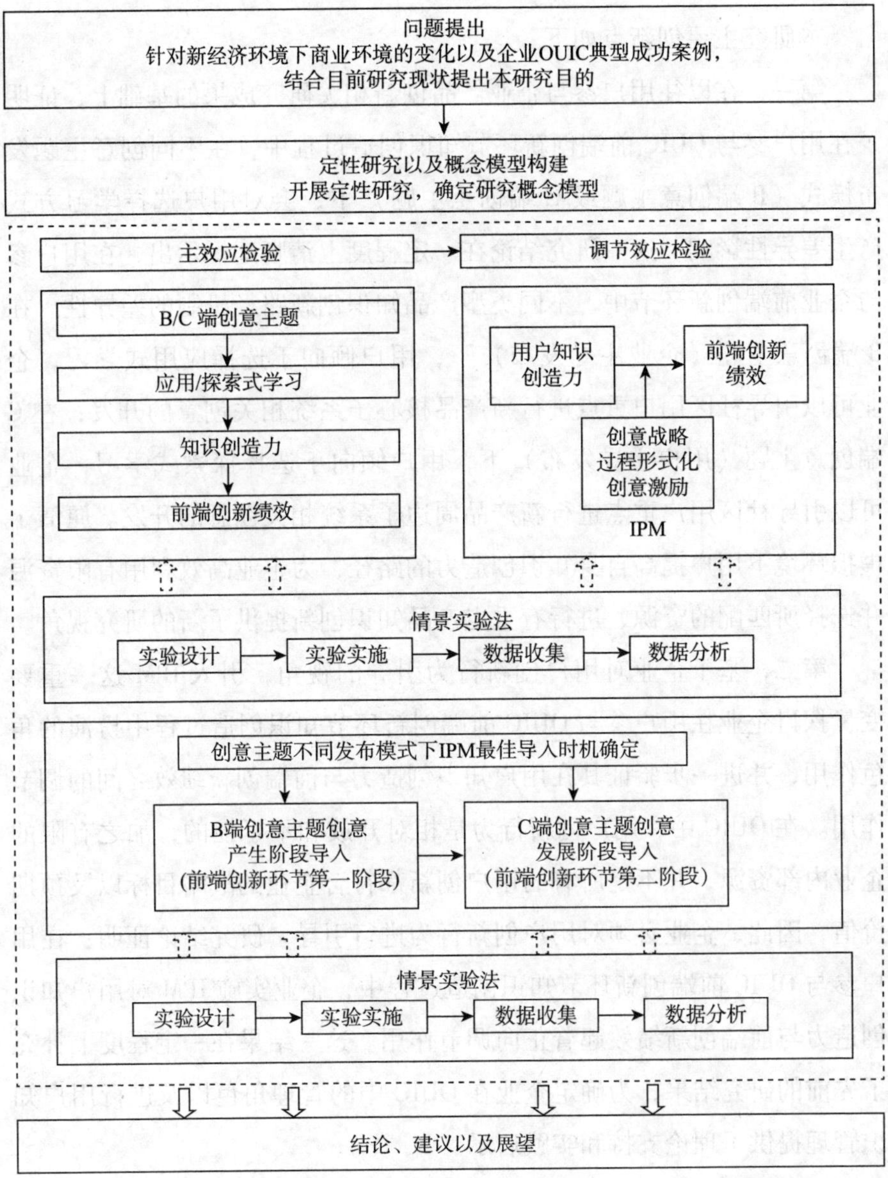

图 1.1 本研究的技术路线

1.5 本研究创新点

本研究主要创新点如下。

第一，在以往用户参与企业产品创新相关研究成果的基础上，证明了在用户参与 OUIC 前端创新环节知识创造过程中，在不同创意主题发布模式（B 端创意主题或 C 端创意主题）下，会对用户选择学习方式产生差异性影响。这一研究结论在一定程度上清晰地揭示出，在用户参与企业前端创新环节中，不同类型产品知识创新路径机制的差异性。在 B 端创意主题（企业主导发布）下，用户倾向于选择应用式学习，企业可以引导社区用户重点进行新产品核心子系统相关创意的开发；在 C 端创意主题（用户主导发布）下，用户倾向于选择探索式学习，企业可以引导社区用户重点进行新产品周边子系统相关创意的开发。厘清了虚拟环境下用户提高自身知识创造力的路径，为企业高效利用有限资源并选择所匹配的资源、进行有重点产品知识创新提供了新的研究视角。

第二，基于企业对用户创新行为引导的视角，引入 IPM 这一重要变量探讨企业在用户参与 OUIC 前端创新环节知识创造过程中扮演的角色作用，并进一步验证其在用户知识创造力与前端创新绩效之间的调节作用。在 OUIC 中，用户创新行为是相对开放和不可控的，加之有限的企业内部资源，并不是所有的用户创新都符合企业的战略目标以及预期价值，因此，企业必须对用户创新行为进行引导。研究结论证明：在用户参与 OUIC 前端创新环节知识创造过程中，企业实施 IPM 对用户知识创造力与前端创新绩效起着正向调节作用。这一结果在一定程度上补充了先前的研究结果，为确定企业在 OUIC 中的管理角色以及进行用户知识管理提供了理论支持和实践启示。

第三，验证了用户在参与 OUIC 前端创新环节知识创造过程中，企业对用户创新行为的最佳干预时机。本研究通过拟合不同创意主题发布模式以及不同阶段，对企业在导入 IPM 时用户知识创造力与前端创新绩效间的函数曲线进行研究，结果表明：在 B 端创意主题（企业主导发布）下，企业在创意产生阶段（第一阶段）实施 IPM 为最佳导入时机；在 C 端创意主题（用户主导发布）下，企业在创意发展阶段（第二阶段）实施 IPM 为最佳导入时机。这一研究结论清晰地揭示出在用户参与 OUIC 前端创新环节知识创造过程中，高（低）用户知识创造力形成的内在机制，并深刻揭示出前端创新绩效的动态纵向变化过程，为企业实施社区用户知识管理实践提供有价值的启示。

2 理论基础与文献综述

2.1 理论基础

2.1.1 信息传播理论

经典信息传播理论创建于报刊、电视、广播等传统大众媒体时代，是对传统媒介传播现象及规律的概括与诠释。基于信息传播理论的相关研究，为人类社交行为以及消费交互行为领域的研究奠定了基础，更是知识经济时代知识创新的前提（Webster，2014）。而创新活动中信息传播与人的认知能力既是相互结合的过程，也是知识创造的过程，信息传播活动是知识创造的基石，知识创造中的信息运动是一条主线，贯穿整个过程（陈喜乐，2006）。随着移动互联、大数据和人工智能等技术的加速应用，我国数字化商业基础设施日趋成熟，已进入智能互联时代，此时经典信息传播理论的局限性逐渐显露出来。网络时代信息传播方式的演变和发展，对知识创新系统产生了巨大的影响，特别是对知识创造活动方式和思维方式的颠覆与革新，将使知识创造活动产生重大变革。本小节通过对传统信息传播理论中的经典传播模式以及虚拟社区知识创造过程中的信息传播相关文献进行回顾和梳理，为系统全面地了解虚拟社区信息传播对知识创造活动的影响提供指导。

2.1.1.1 经典信息传播模式

信息从发送方到接收方的传递过程就是信息传播过程（Kolmogorov，1956；Crawford and Sobel，1982）。通过对此领域相关文献整理分析发现，国内外学者为了清楚描述信息的传播过程，构建了各种类型的传播模式进行研究。其中，最著名的信息传播模式为 Lasswell 的 5W 和 Shannon - Weaver，它们是在同一个时期提出的。之后，学者 Defleur (1966) 对 Shannon - Weaver 的信息传播模式做了进一步的研究发展，在信息传播过程中加入了反馈的因素，提出了“互动过程模式”，对 Shannon - Weaver 的信息传播模式进行了有效的修改。随着信息技术的发展，信息传播理论也在逐渐演变，虽然在发展的过程中理论不断变革，但是依然以 Lasswell 的 5W 信息传播模式、Shannon - Weaver 信息传播模式以及 Defleur“互动过程模式”这三个最重要的传播模式为基础。

2.1.1.1.1 Lasswell 的 5W 信息传播模式

1948 年，国外学者 Harold Lasswell 在论文《社会传播的结构与功能》中，从传播学的视角对人际社会关系的传播活动进行了深入探讨与研究，第一次明确提出信息传播过程模式，完整阐述了 5W 理论，用 5 个传播要素对复杂的人际社会关系传播过程进行描述。这 5 个传播要素分别为信源（Who）、信息（Says what）、信道（In which channel）、信息接收者（To whom）和效果（With what effects），如图 2.1 所示。

图 2.1 Lasswell 的 5W 信息传播模式

信源，是信息的传播者。“源”就是源头的意思，信源不仅是信息传播过程的开始，而且是信息传播过程的控制者。在人际社会关系传播中，信源可以是单独的个人，也可以是群体的组织。信源在信息传播过程中是传播内容的实质性控制者，并决定信息内容的数量和质量。但同时，信源又是社会大系统中的一个组成部分，同样要受所在社会规范与原则的限制。

信息，是传播的具体内容。信息是传播过程的对象，其是由语言符号和非语言符号构成的一组有意义的组合，是信息的本质属性，也是传播活动的中心，更是传播过程的第一关键要素。

信道，是信息传播的渠道，即在信息传播过程中需要借助的中介或物质载体。传统大众媒体时代的信息传播渠道有报纸、杂志、电视、广播等，自互联网出现以后，网络已成为信息传播的主要信道之一。

信息接收者，是信息传播的受众，也是信息传播的终点，更是激发信息传播活动的驱动力，在传播活动中占据中心地位。

效果，是信息接收者收到信息后的反应，对其思维以及行为的影响程度，是衡量信息传播过程质量的标准。

Lasswell 5W 信息传播模式中的 5 个传播要素，清楚描述了人际社会关系传播过程的基本路径，此模式为后续深入研究信息传播相关机制奠定了关键基础，具有深远的理论意义。

2. 1. 1. 1. 2　Shannon – Weaver 的信息传播模式

著名信息论创始人 Shannon 在《通信的数学原理》（1948 年）、《噪声下的通信》（1949 年）这两篇论文中，提出了通信系统的模型。1949 年，Shannon 又与 Weaver 合作，共同改进和丰富了信息传播理论，并将其拓展到人际社会传播的其他应用领域，后形成 Shannon – Weaver 信息传播模式，如图 2. 2 所示。

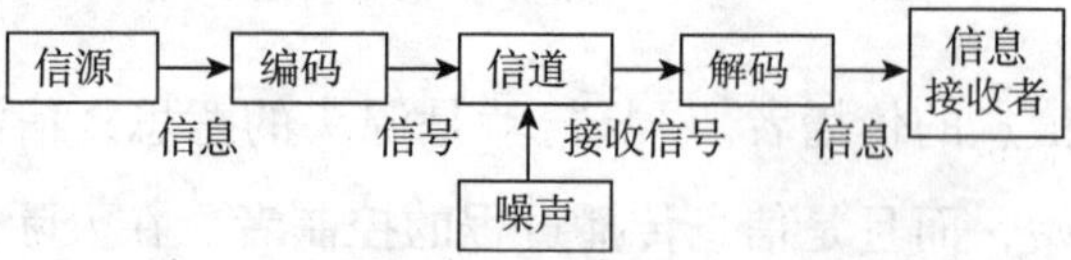

图 2. 2　Shannon – Weaver 信息传播模式

由信源、编码、信道、解码、信息接收者和噪声这 6 个独立的传播元素之间的相互作用构建了 Shannon – Weaver 信息传播模式。其信息传播活动的过程始于信源，借助信息传送器把信息编码成传送信号，以便这些信号可以被在传播过程中的接收器识别并接收，进一步再把信号解码成具有逻辑关系的信息符号，最后将其传递给信息接收者。该传播模式区别于 Lasswell 5W 模式的最主要特征是，在此信息传播模式中加入了“噪声”这个传播干扰元素，因为在信息传播这一过程中，可能有很多不可控的因素对传播活动进行干扰，影响传播的效果。因此，“噪声”是信息传播活动一个重要且不可控的外生因素，对信息传播过程的有效性和精准性产生关键的影响作用。

在 Lasswell 的 5W 信息传播模式上构建完善的 Shannon – Weaver 信息传播模式，进一步加深了对人际社会传播活动的理解和应用，也为之后的研究提供了理论参考。

2.1.1.1.3 Defleur“互动过程模式”

1966 年，Defleur 以上面两个著名的信息传播模式为理论依据，在其基础上进一步拓展了人际社会信息传播过程模式，增加了一个重要却被忽略的传播要素，即来自信息接收者的信息反馈情况。将这个传播要素引进信息传播活动之后，信息传播过程的本质就发生了重大变化，即信息传播过程由原来的单向传播变为能够双向互动的传播模式。而不可控外生因素“噪声”依然存在于信息传播活动的双向路径中，这是信息传播活动无法克服的一个客观存在。经过改进的 Defleur“互动过程模式”已经对人际社会传播过程有了一个较完整的诠释，如图 2.3 所示。

2.1.1.2 3 种经典信息传播模式的述评

作为最早期的信息传播模式，Lasswell 的 5W 信息传播模式是一个单项直线的模式，虽然这个模式包含了信息接收者的效果反映情况，但是缺少一个反馈渠道，其本质上并没有揭示人类社会信息传播的双向互动性。Shannon – Weaver 信息传播模式最主要的特点是其提出了“噪声”的概念，能客观地反映出在信息传播过程中，可能由于各种干扰引起信息的失真，直接导致信号的发出与接收之间出现误差，但这个模

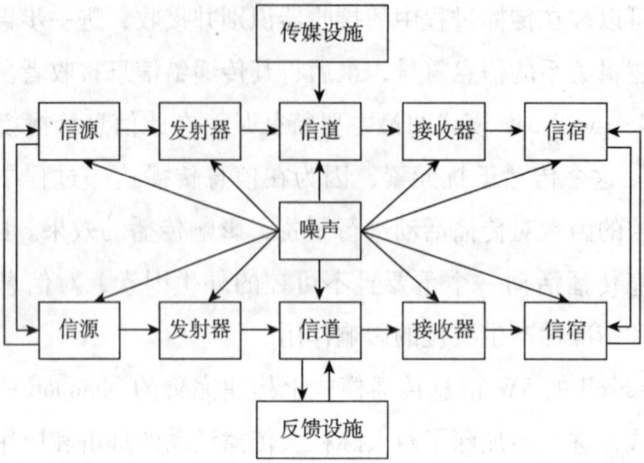

图 2.3 Defleur“互动过程模式”

型仍然是一个单向直线的模式。Defleur 的“互动过程模式”对“反馈”概念进行了重要的补充和修正，在其信息传播模式中增加了能够显示信源是如何获得反馈的这一组要素，反馈则有可能使信源的传播方式更有效地适应信宿。

通过以上对 Lasswell5W 信息传播模式、Shannon - Weaver 信息传播模式以及 Defleur“互动过程模式”相关文献的梳理，概括来讲，信源、信息、信道、编码、解码、信息接收者、噪声、效果和反馈等传播要素共同构建了信息传播过程，诠释了人际社会信息传播的基本活动，为研究人类的社交行为以及知识创造活动提供了理论依据。

2.1.1.3 虚拟社区知识创造过程中信息传播

2.1.1.3.1 虚拟社区概念内涵

1993 年，德国社会学家 Howard Rheingold 最早提出了“虚拟社区”（Virtual Community）这一概念，并将其定义为“一群主要借助计算机网络的社会群体，在网络环境下聚集大量的个体，彼此之间进行交流互动，经过长时间的发展从而产生人际交互和情感需求”。自“虚拟社区”这一概念提出以来，国内外学者赋予虚拟社区诸多名称。国外有

Cyberspace Community、Electronic Community、Online Community、Web Community 以及 Computer - Mediated Community（Furlong，1989；Turkle，1996；Hill et al.，1995；Garrison，2007；Donath，2002）；国内学者将其称为“网络社区”、“在线社区”、“虚拟社群”以及“虚拟社区”等（王欢、郭玉锦，2003；金立印，2007；余晓娟，2007）。学者从不同视角对虚拟社区的概念进行定义，国内学者董泽稼、许正良（2013）从网络环境下信息技术支持、信息活动传播以及人际关系三个视角对其进行了归纳和梳理，具体如下。

（1）信息技术支持视角。聚焦于网络环境下信息技术支持视角的国内外学者，认为对虚拟社区概念界定的关键点在于创建该社区的高科技信息技术，包括计算机硬件以及软件技术。正是由于这些高科技载体技术能力的提高以及普及，虚拟社区才得以蓬勃发展，因此信息技术支持是维持与发展虚拟社区的关键驱动因素（Hoffman and Novak，1996）。国外学者 Jones 和 Rafaeli（2000）在其研究中将虚拟社区界定为网络环境下的公共空间内，群体用户借助于高科技信息技术进行信息传播活动构建的场所。Porter（2004）等认为，虚拟社区是由单独个体或组织群体构成的一个集体，在这个集体中通过相同的目标进行交流分享，但是这种交互模式必须借助于高科技信息技术，是一切信息活动得以进行的前提，同时还要遵守相关规章制度。国内学者裘涵和田丽君（2006）在其研究中将虚拟社区的概念界定为，高科技信息技术与社交软件共同创建的，有明显界限的网络公共技术空间场所，在这个场所内聚集了一群具有相似目标、相同兴趣爱好、情感需求一致的用户，通过彼此的分享交互，依靠信息支持系统形成的网络群体聚集区。

（2）信息活动传播视角。随着移动互联、大数据和人工智能等技术的加速应用，以及数字化商业基础设施的成熟，高科技信息技术基础设施研究逐渐专业化，国内外学者聚焦于网络环境下人际交互的本质属性，信息活动传播功能成为其研究的重点（Williams and Cothrel，2000；

刘丽群、宋咏梅，2007）。学者 Goldsborough 和 Reid（1995）在研究中将其定义为网络环境下的虚拟共同空间，在此每个人都可以充分发挥彼此的创造性思维，并以各自独特的交流方式进行互动分享，这样的信息传播过程也是社会文化形成与发展的过程。Bagozzi 和 Dholakia（2002）同样认同虚拟社区是一群有特定目标的人进行信息传播活动，由此成为具有协调功能的网络社会交互场所。国内学者贯君（2015）认为，虚拟社区是以互联网信息技术为载体构建的一个具有流动性的网络场所，是通过信息交互传播构建成的，能够共享时间以及分享人际社会经验的物质性集合体，在此，所有用户都可以自由交流，更是人们进行创造性活动的便捷平台。

（3）人际关系视角。聚焦于人际关系视角对虚拟社区进行研究的学者指出，虚拟社区与现实中的社区在本质属性上是一样的，即在社会中为满足彼此的生存以及情感的需要，在网络环境下互动分享进而聚集一群拥有类似目的的社会关系集合体。国内学者楼天阳和陆雄文（2011）在其研究中指出，虚拟社区中凝聚力形成与维持的核心在于社区成员间必须拥有相互连接的关系纽带，只有这样才能形成对社区强烈的情感依附和共享的社区意识。国外学者 Sridhar Balasubramanian（2001）将虚拟社区的概念定义为，在网络环境下，人们在公共空间场所以某种话题进行互动交流，通过彼此间的沟通分享形成人际关系，进而成为一种社会关系集合体。Gupta 和 Kim（2004）也同样认为虚拟社区是彼此陌生却拥有共同兴趣爱好和需求的一群人，借助于网络空间通过相互间的交流互动、分享形成的社会集合体。国内学者徐世甫（2012）在其研究中将虚拟社区的概念定义为，通过网络空间载体，以彼此的人际交互需求为驱动力，把一群具有共同或相似价值观的社会群体，通过创造性精神输出聚合在一起，所形成的网络空间场所。

2.1.1.3.2 虚拟社区在知识创造过程中的信息传播方式的演变

史亚光和袁毅（2009）在其研究中认为，虚拟社区中的信息传播，即信息借助于高科技信息技术载体，突破传统传播媒体客观条件限制，由一个信源到信息接收者的线性传播模式，演变为信息裂变后的链式网络传播模式，其效率和覆盖面是传统媒体信息传播无法比拟的。李玉琼和陈凯（2001）指出，信息传播是网络环境下虚拟社区信息利用与信息再生的前提和保障。王英玮（2010）认为，虚拟社区中的信息运动是网络环境下人类社会的客观存在，具有一定的性质、模式以及状态，必须遵循相应的自然法则。学者张果（2013）在其研究中，从社会认识论的角度定义虚拟社区是一种网络环境下群体性、平等开放式的知识创造领域，其中知识与信息相互交互构成其社会维度。用户之间的信息交流与互动是维持虚拟社区的生命力所在，而用户对信息效用的衡量与感知在一定程度上取决于传播的方式（李晶，2013）。在虚拟社区中，信息传播方式的演变可以归纳为以下三点。

（1）信息传播模式的非线性。信息传播模式的非线性是指信息传播各要素间的相互作用不是简单的传递关系，而是相互制约、相互耦合的协同关系（陈喜乐，2006）。这种非线性的传播模式要求各要素只有与其他要素相互协调配合才能产生协同效应和放大效应。传统信息传播通常是线性的，且由于信息传播过程较复杂，特别是在变动的传播环境下，各种传播干扰因素以及受众自身方面的差异性因素，在信息传递的过程中很容易出现信息有效性的降低，并且这种状况会伴随着信息传播时间的延长不断恶化。但是，在虚拟社区中，信息传递的方式由线性传播结构裂变为非线性的网状结构，从根本上能够突破传统信息传播方式的局限性，使得信息传播速度更快、效率更高（孟庆兰，2008；胡吉明，2015）。

（2）信息传播方向的可逆性与平等性。虚拟社区信息传播方式是一种位于信息传播过程中两端，能够直接接触到的、拥有自主选择权的行为主体，两者之间制约与耦合的过程，也是信息运动与创造的过程。其可逆性与平等性是虚拟社区信息传播方向演变的两个重要特征（Jones，1995；Lueg，2001）。其中，可逆性是指信息的流动具有可逆性。在传统大众媒体时代，信息的运动始于占有绝对地位优势的主流媒体发布信息，受众作为信息接收者处于弱势地位，其主动性受到极大限制。由此，这种线性不可逆的传播方式效率以及反馈情况难以掌控。现如今，在虚拟社区中，信息既可以从信息发布者流向信息接收者，信息接收者也可以将接收到的信息感知再传递给信息发布者，即信息发布者也是信息接收者，而信息接收者也是信息发布者，或者说是信息发布者与信息接收者之间可以进行角色转换。平等性是指信息的发送双方具有平等发送信息的权利。在虚拟社区环境下，社区成员均可以作为信息源独立地发布信息、表达情感。

（3）信息传播目标更加精准。虚拟社区信息传播的一个基础功能就是将具有不同地域、不同人口统计特征、互不熟识的陌生人聚合在一起（谷斌、徐菁、黄家良，2014；王雨，2017）。因此，虚拟社区具有自动细分市场、聚合目标顾客的特性。在虚拟网络环境下，社区用户可以按照自身的需求与目标自主选择感兴趣的社区，在这种状况下，社区中相关信息的传播能够流向更加具体的目标用户。

2.1.1.3.3 虚拟社区在知识创造过程中思维方式的演变

网络时代的知识创造活动与信息传播相辅相成，特别是在信息更新快速与信息量爆炸的环境下，随着知识创造过程越来越复杂化与多样化，在知识创造活动中的思维方式也发生重大变化，国内学者陈喜乐（2006）在其研究中归纳总结了以下三点。

（1）知识创造的主体由个人逐渐演变为群体。由于信息技术的快速发展，知识创造活动越来越社会化，单纯以个人为主体的思维方式，会因为各种条件限制，如知识创造客体的日益精细化、主客体间相互作用过程的复杂性等，更加难以适应网络环境下知识创造的需求。因此，知识创造主体必须以某种联合方式形成一定的组织模式来打破各种限制，这也使得思维主体从个人走向群体。

（2）知识创造的主体由单一“人”演变为“人—机”系统。随着认识客体的复杂化与多样化，人作为认知主体的局限性越来越明显，如逻辑思维方式、信息处理能力等因素的限制，极大地阻碍了知识创造活动。计算机以及智能设备作为辅助人进行知识创造活动的助力，突破了人的思维局限性，极大地提高了人类知识创造活动的能力与效率。

（3）知识创造主体能力的增强。在网络环境下，知识创造主体之间的交互不再是单一的线性延伸状，而是演变为网络扩散状，网络中的每一个主体都可以与其他主体交互，使有限的资源得到有效配置，借助低成本的网络满足各种不同需求，主体创造能力得到充分发挥，传播效果得到极大改善。

2.1.1.3.4　虚拟社区在知识创造过程中的信息传播行为

虚拟社区信息发布的起点，即知识创造活动的开始，信息发布的主体可以是企业，也可以是用户。不论是企业还是用户发布的信息，都可以成为信息传播的信源。但是，不同行为主体发布的信息其本质属性是有差异的，且这种差异性会影响信息接收者对信息的感知与判断。其中，企业是虚拟社区信息发布主体中的一类，虽然与用户处于平等的地位，但是企业的信息发布行为与用户行为的不同点在于，企业的信息发布行为驱动力要考虑两方面的需求因素，即企业自身的信息需求和用户的信息需求。因此，企业为满足用户的信息需求，会通过虚拟社区主动地从事信息传播、交流和利用等一系列信息传播活动。董泽稼和许正良（2013）在其研究中，归纳总结了企业与用户信息传播行为主要存在两点差异。一是信息传播行为目的差异。用户在信息传播过程中只要满足自己的信息需求即可，这是一个自我寻求满足的过程。而企业不仅要满足维持企业发展需要的信息需求，更关键的是要满足企业经营对象的信息需求，这是一个给予他人满足的历程。二是信息传播行为的复杂性差异。相较于用户在某一时刻信息传播行为只需要满足自己简单的信息资源需求，企业需要多种传播方式、多种信息资源同时发送才能满足自身以及用户的信息需求。

2.1.2 组织学习理论

2.1.2.1 组织学习内涵概述

20 世纪 50 年代后期，伴随着全球化的进程，外国学者开始关注组织学习理论。1958 年，March 和 Simon 在其研究中第一次提出组织学习的概念，将其界定为组织基于自身的经验来适应外部环境的变动过程。由此掀起组织学习理论研究的热潮。Cyert 和 March（1963）在以往研究的基础上，对组织学习的概念进行拓展，认为作为单独个体集合体的组织，不但可以进行学习，而且不全部依靠个体单独学习。他们进一步指出，在变动的外部环境下，组织中的规章制度以及社会文化、习惯是组织学习的关键，能够提高组织的适应能力，而且组织学习强调规则、程序以及惯例等在应对环境变化中所起的作用，并根据能否对组织产生正面的积极效果来最终决策选择实施哪些规则、程序和惯例。1978 年，Argyris 和 Schön 在《组织学习：观察理论的视角》一书中，基于组织行为的视角正式提出组织学习的概念，将其定义为不断发现行为错误，从而完善或再次构建组织中无法随个人意识变动的基本假设原则以纠正目标行为偏失的过程，包含组织的规章制度、基本原则以及战略目标等，并对其进行了全面的论述。这一研究观点引起了国内外学者对此领域的关注，掀起了组织学习理论研究的热潮。随着对组织学习理论研究的深入，Fiol 和 Lyles（1985）指出，组织学习的行为也是通过获取更多的知识来提高企业自身竞争能力，促使企业规划发展战略，取得新的知识或组织结构、体系上的更新等，而这些现象又与组织适应、变化等相关。March（1991）在其研究中进一步对组织学习的概念进行了完善，指出组织学习实质上是一个提高企业适应能力的过程，其关键点在于寻求探索新的机遇与利用已存在的市场之间的平衡关系。

总之，早期对组织学习理论的研究往往与心理学密切相关，加上组织学习这个概念本身比较抽象和复杂，学者从不同的视角出发对其的界定也不同，且涉及知识创新、信息、知识管理等因素，因此学术界对组织学习概念并没有达成共识。基于心理学视角，学者将组织学习看作一个行为改变的过程，有两种解释：一是“刺激—反应论”，二是“认知论”。由此将个体学习行为概括为两类。一类是可以用“刺激—反应论”来解释的条件学习，是指个体仅需要简单的说明便可以自己开展学习。另一类是复杂学习，是指工作任务要求个体完成技能之外的复杂行为。从“认知论”的视角来看，这类学习方式相较于条件学习的“刺激—反应论”，能够更加准确地反映学习的本质属性，即学习不单单是对实施的一些规章制度以及出现的其他情况做出的行为反应，更是涉及一系列主观逻辑思维方式，依靠创造力与想象力、认知感知、发现和顿悟等处理问题的较高复杂性过程（杜阳，2014）。

不同学者基于自身的研究视角对组织学习进行了不同论述，王伟（2005）在其研究中归纳总结了5种观点。一是基于过程的视角，组织学习是事物或事情发展过程中经过的阶段或先后程序，由多个有效行为程序组成。二是基于活动的视角，组织学习是组织为达到预定目标而开展的行为，是组织内主体自主参加既定目标的行动方式。三是基于系统的视角，组织学习是在一定的组织系统中进行的，是由组织运营结构、任务流程以及组织文化、信息技术等构建出的一个整体系统。组织学习的顺利开展必须克服系统中的一些局限性，因此需要对系统中的制约因素进行创新与变革，从而为组织营造浓厚的学习氛围。四是基于能力的视角，组织学习是组织面对动荡变化的组织环境，依旧能够保持竞争优势和创新能力。五是基于结果的视角，组织学习是事物或事情经历长时间发展形成的最终形态，其关键点在于通过有效的学习能够改进、完善企业行为。

2.1.2.2 组织学习的过程

国内外学者从不同的视角出发，对组织学习的过程进行了研究。从知识管理的视角研究组织学习过程，一般由知识的获得、知识的整合、知识的应用等组织活动构成（Huber, 1991；Nevis, Dibella and Gould, 1995；Zahra, Nielsen and Bogner, 1999；Argote, 2012；郭润萍，2015）。国外学者 Huber（1991）在其研究中认为，组织学习的过程由知识获取、知识分配、知识解释和组织记忆组成。其中，知识获取的组织机制有天分学习、经验学习和引入、搜寻以及关注等；知识分配即把从内、外部获取的异质性知识通过组织内部渠道的交流分享，创造出新的观点和理念；知识解释即在组织中把不同来源以及比较晦涩的知识重新进行编码，转化为成员较易理解的知识；组织记忆即组织内知识的沉淀与积累，便于组织利用。国外学者 Nevis 等（1995）在以往研究的基础上，对组织学习过程进一步拓展，组织学习过程是由知识获取、知识分享以及知识应用 3 个阶段组成。把知识获取定义为组织内技术、观念、人际关系的变革或提高；把知识分享定义为相关信息资源等在组织内部的互动交流；把知识应用定义为通过对新获取或已存在知识的整合转化，使其能够被组织识别应用，进一步提高组织的创造力。Zahra 等（1999）在其研究中把组织学习的过程划分为知识的获取、知识的整合和知识的利用，指出知识的整合由知识的识别以及知识的分享、知识的转化组成；知识的利用是指组织通过知识的综合应用来提高组织的创造力。Lumpkin 和 Lichtenstein（2005）则将组织学习的过程看作组织内部信息以及知识获得、分配和储存的过程。Argote（2012）在其研究中认为，组织学习过程是由知识的创造、维持和传递 3 部分构成。Zahra（2012）认为，获得、整合以及应用新知识的过程就是组织学习的过程。

2.1.2.3　组织学习的对象、结果及主体

组织学习的对象是知识，主体通过学习获得、整合、内化和创造知识，提高主体的知识水平。组织学习的主要结果就是主体知识的累积和提升（杜阳，2014）。组织学习能够有效实施组织行为以及提高组织的创造力（Huber, 1991；Nonaka, 1994）。组织正确、合理、高效的利用知识，是企业保持核心竞争优势的关键：一是搜寻、获取内外部新知识

是提高组织无形核心资源的关键；二是创新知识赋予组织更高的柔性战略，能够提高企业应对组织环境变化的适应能力；三是对组织管理、核心产品或服务方面的知识创造能够提高组织的市场竞争力；四是知识创新是促进组织变革和维持组织长期发展的核心资产（杜阳，2014）。

对组织学习的主体主要从个体和组织两个层面进行研究，两者既有区别，又有密切的相关性。基于认知理论的研究假定组织能够进行学习，具备个体学习的能力，认为个体学习是组织行动的一种模式（Levitt and March，1988）。国外学者 Dodgson（1993）认为组织中关键个体在一定的组织情境下能开展个体学习，指出组织学习的最终结果就是个人学习，个人是组织中的最小单位，个人的集合体形成了组织，由此，组织学习成为可能。Senge（1990）在其研究中也提出了类似的观点，即组织学习根植于个体学习。但很多学者又强调组织学习绝不仅仅是组织内个体学习的简单数量叠加，个体之间互动分享可以产生增值的学习效果（Argyris and Schön，1997）。Chiva 和 Alegre（2005）的研究也指出，基于认知理论假定的组织学习忽略了情景因素，将组织学习仅视为一个有效的流程，具有一定的局限性。组织学习是一个涉及多个层次、动态变化的过程，即学习行为可以在个体层次与群体层次之间循环转化。该研究结果说明，个体和组织学习虽然不必共同存在，但两者之间确实是互相依赖的。

2.1.2.4 应用式学习与探索式学习方式

通过对现有组织学习相关文献的梳理归纳，国内外学者从不同的视角对组织学习方式的分类进行了概括，目前尚未达成共识。学者 Argyris 和 Schön（1997）基于组织行动的研究角度，把组织学习方式划分为单环学习和双环学习两种。单环学习是指发现组织行为偏差，并依据组织目标对导致偏差的行为进行逐步纠正或完善，以提高组织的行动能力。其核心点在于合理处理组织目前出现的问题，提高组织在动态环境下的适应能力。双环学习是指不断对组织内部已经存在的基本假设提出疑问并快速纠正或重构，如组织的规章制度、价值观以及组织文化等，进而促发组织内部成员用创造性思维逻辑解决当前组织所遭遇的问题，打破传统思维逻辑，创新心智模式，例如，个人观念的转变在组织中重新定位以及转变对组织管理和组织环境之前的看法等。学者 March（1991）在研究组织适应过程中，基于探索新的可能性和利用旧的确定性的逻辑第一次提出应用式学习和探索式学习。其中，应用式学习是指与学习主体现有知识基础深化有关的活动，可以用“提炼、筛选、生产、效率、选择、实施、执行”等术语来描述学习行为；探索式学习是指与学习主体知识基础的拓展或更新有关的活动，可以用“探索、变化、承担风险、实验、尝试、应变、发现、创新”等术语来描述学习行为（王端旭、薛会娟，2013）。Zahra（1993）从组织学习的视角出发，将组织学习方式划分为获取式学习（Acquisitive Learning）和经验式学习（Experimental Learning）。获取式学习即对组织已存在的外部资源进行整合和转化，这种学习方式是组织与组织外部进行基础知识资源交换的关键；经验式学习则聚焦于组织内部知识资源，通过转化和内化创造出新的知识，这种学习方式是对组织内部资源的有效整合。Fang 等（2010）从组织结构设计的角度研究了应用式学习和探索式学习，指出两者间的平衡对组织至关重要。虽然应用式学习能够确保组织产出确定和即期收益回报，却限制组织突破性创新，损害组织的战略目标，降低组织未来的核心竞争力；探索式学习则能够创造性地提出新方案处理组织遭遇的状况，但由于新方案的执行具有高风险性和不确定性，会对短期内的组织绩效产生负面影响。Kreiser（2011）对创业导向与获取式学习和经验式学习的关系进行了研究，指出当企业利用组织外部资源进行知识创新时，就是企业在开展获取式学习；当企业利用组织内部已有的资源进行创新时，就是企业在开展经验式学习。Van 和 Visser（2011）在其对组织授权、知识转换和第一顺序、第二顺序学习的关系研究中，把学习归为两个维度。其中，组织学习的基本维度，即在组织已经存在的逻辑思维、规章制度以及基本假设范围内进行正常、逐步的行为方式；高级维度主要指思维逻辑、规章制度以及基本假设的变更，组织所处的竞争环境越激烈、动荡，高级维度学习对组织的影响就越大。

2.1.3 知识管理理论

2.1.3.1 知识管理概念内涵

知识管理作为一门新兴学科，伴随着网络知识经济的发展兴起于20世纪80年代，从组织的无形资产中获取和创造价值的过程就是知识管理（郭润萍，2015）。Horton（1979）从组织资源演化的角度第一次提出了知识管理的概念。之后，不同学科领域的学者以及实践者从不同的视角对此领域进行了持续而深入的研究。知识管理被认为是从组织的无形资产中创造以及获取价值的过程。学者Demarest（1997）从过程视角对知识管理的定义加以界定，指出知识管理就是知识的识别、优化处理、转化和应用等多种知识活动过程。Alavi和Leidner（1999）则认为知识管理是包含知识创新、搜寻、分享和维持的过程。Zahra等（1999）从知识基础理论的视角，将知识管理定义为知识的获取、整合与利用的学习过程。其中，知识整合是企业获取并识别、共享新的知识，进一步将其转化为组织文化、组织系统以及相关操作，以提高组织创造力和创新绩效的过程。知识利用是组织利用新获取的知识建立新的组织能力的过程。Gold等（2001）从组织能力的视角对知识管理进行了研究，指出知识管理是知识的储存、转化以及组织内部知识传输的过程。

国内学者王润良等（2001）将知识管理的内涵界定为，组织在开发必要的环境和条件时推动知识的创造与传播，使组织知识螺旋不断地向前延伸的过程。应力和钱省三（2001）认为，知识管理实际是一种组织为实现特定目标利益而进行的活动。综上所述，虽然国内外学者基于不同的视角对知识管理的概念进行了研究，但基本上其包含知识识别、获取、整合、利用以及创造等多个环节，其中知识整合旨在通过对组织内外部各种知识的管理来促进组织内外部知识交流与应用，完成知识的积累与创新进而提高组织创新能力（段海超，2014）。

在全球化进程的经济环境背景下，组织越发认识到知识创造对核心竞争力的优势所在，知识管理也成为企业战略的主要组成部分。因此，知识管理依旧是国内外学者关注的焦点，其中知识基础理论和知识创造理论的提出，为进一步深入研究探讨组织知识管理影响作用奠定了理论基础（Kogut and Zander，1992；Nonaka，1994；Grant，1996；Demsetz，1988）。其中，知识基础理论的研究聚焦于组织知识利用的过程（Demsetz，1988），知识创造理论则聚焦于组织内外部隐性知识与显性知识间的动态发展以及相互转化过程，研究指出，正是这种不断转化的过程激发了组织知识创造活动的发生（Nonaka，1994）。

2.1.3.2 组织知识基础理论

国外学者 Demsetz（1988）认为，知识是维持企业长期发展的关键驱动力，阐述了知识基础理论的重要论点：正是由于知识这一特殊的存在，企业才能成为一个集合体，其是创造企业独特竞争优势的基础资源。由此，知识基础理论的观点受到众多学者的关注与认同，获取多样化、异质性的知识是提高企业创新能力和促进企业长远发展的核心动力源，成为企业实现目标战略最关键的资源（Grant，1996；Kogut and Zander，1992；Eisenhardt and Santos，2002）。但是对于新提出的知识基础理论观与已经存在的相关理论间的关联还未得到一致性认知，如学者 Decarolis 和 Deeds（1999）在其研究中指出，知识基础理论观实质上是在资源基础理论上的拓展与深入，进一步为组织高效开展管理活动提供新的理论和实践角度。但是，有的学者则持不同的观点，认为从知识基础理论的动态发展观点来看，其与基础资源观以及事物演化观具有本质上的差异。从本质上来讲，知识就是社会构建的一种动态过程，是人际社会网络的组成部分。Grant（1996）在其研究中把知识基础理论的观点进一步拓展到组织的传统战略管理活动中，并用于解决组织结构变革、优化决策资源配置、组织活动统筹协调以及界定组织边界等相关问题。组织知识基础理论认为，组织是知识整合的基本单位（Kogut and Zander，1992；Grant，1996；Zahra，Ireland and Hitt，2000；Grant and Baden - Fuller，2004），知识是组织实施创新行为和战略目标的基本假设。组织的一个基础作用在于，通过其实施的组织规则将市场中难以协调的生产所需的不同专业领域的知识，高效整合为适应组织需要的专业化知识，进而实现战略目标（Kogut and Zander，1992；Grant，1996）。学者 Grant（1996）在以往研究的基础上归纳总结出 4 种组织内部的知识整合机制：制度（Rules）和指令（Directives），即组织内部开展活动必需的沟通协同机制，如组织目标、规章制度、标准化程序以及信息技术支持等；定序（Sequencing），即组织开展生产活动必须按照轻重缓急的原则来排序，以确保企业的运转正常；组织惯例（Routines），即在突发状况、上级指令不清的情况下组织内部成员依然能够顺利进行相关工作，保证任务完成的复杂行为模式；问题决策机制（Problem Decision - Making Mechanisms），即涉及组织内部成员间非正式互动分享机制，主要是指隐性知识相关的沟通协调方式。

持组织知识基础理论的学者在其研究中指出，组织的整合能力对企业提高自身在动态环境中的适应能力以及创新能力至关重要（Grant，1996；Kogut and Zander，1992）。组织的整合能力可以从效率、范围和柔性 3 个方面进行界定：知识整合的效率即组织获取内外部知识资源后，将其转化为新产品或服务相关的创新知识的程度，对创新的成本以及速度起着决定性的作用；知识整合的范围即组织将获取的内外部知识资源转化为专业化产品或服务相关知识的广度；知识整合的柔性即组织获取内外部知识资源后，灵活运用以及进行知识创造的程度（Grant，1996；Grant and Baden - Fuller，2004；Tzabbar，Aharonson and Amburgey，2013）。

2.1.3.3 知识创造理论

国外学者 Nonaka（1994）第一次在其研究中提出知识创造理论，经过多年的发展与完善，其在知识管理领域中属于相对比较成熟的理论，已经成为一套比较完整的基础理论体系。知识创造理论基于组织内部知识动态变化的视角，揭示出隐性知识与显性知识之间相互作用及相互转化的原理和路径机制。其中，显性知识也成为可编码的知识，是能够通过文字、数据等特定模式用系统性的语言描述出来的知识；隐性知识是高度化的个人知识，很难用规范化的模式进行编码，受行为本身以及个体所处环境，如个体的思维模式、信仰观点和心智模式等的约束。Nonaka（1994）在其研究中提出的知识转化（SECI）模型，清楚地揭示出隐性知识和显性知识间相互作用与转化的过程，如图 2.4 所示。SECI 模型的动态转化过程由 4 条路径构成：联合化（Combination）路径——显性知识到显性知识，社会化（Socialization）路径——隐性知识到隐性知识，外部化（Externalization）路径——隐性知识到显性知识，内部化（Internalization）路径——显性知识到隐性知识。其中，联合化路径是指组织内部通过一定模式的协调机制，使获取的新知识能够在成员之间顺利传递，此路径与组织处理信息的能力有关；社会化路径是指组织内部非正式化的协调机制，即组织内外部知识的沟通与分享的模式是非正式的，往往是以组织内外人员自身独特的经验以及价值观等彼此的隐性知识为沟通互动的核心内容；外部化路径是指将组织获取的隐性知识用系统化的语言和概念清晰地描述出来，其转化手法有隐喻、类似等，这是知识创造过程中至关重要的环节；内部化路径是指组织获取的显性知识到隐性知识的升华，即组织成员吸收、消化并转化为自身独特的隐性知识。

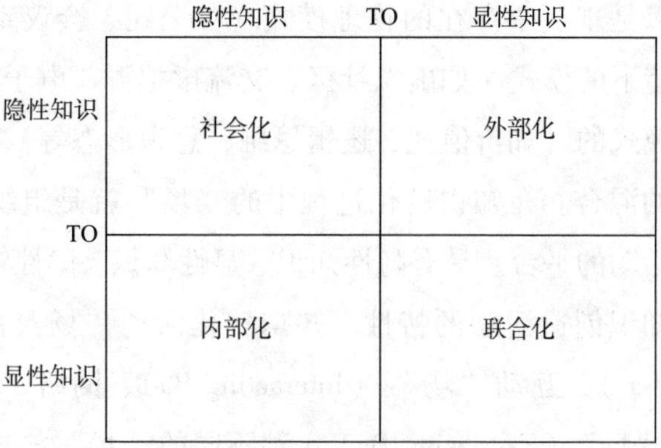

图 2.4 Nonaka 的 SECI 模型

此外，Nonaka 在 SECI 模型的研究基础上，对知识创造过程进行了深入扩展，提出知识创造螺旋模型，由个人、团体、组织、组织间 4 个层面的知识转化组成。组织获取的知识在 4 个层面的快速流动，能够使隐性知识与显性知识间的动态转化过程路径更加高效和通畅，进而提高组织知识利用的速度和效率。

Nonaka 在研究中指出，不同路径的知识转化需要对应不同触发机制：触发知识转化的社会化路径的关键在于创建组织内外人员沟通交流的平台或场所，有利于人员分享彼此经验以及价值观等；触发知识转化的外部化路径的关键点在于组织内外部人员要进行频繁且深刻的探讨，在探讨的过程中要善于使用隐喻等手段协助其他人员理解相关知识并清晰地表达自己的想法与建议；触发知识转化的联合化路径的关键点在于规范组织内部与外部联系的正式化文件、文档，以便于组织正常活动的顺利进行；触发知识转化的内部化路径的关键点在于创建激发组织内部人员创新的积极性，从实验的经验中将显性知识转化为个人的隐性知识。

2000 年，学者 Nonaka 在其提出的 SECI 模型基础上，又进一步提出了知识转化“Ba”的概念，中文意思即“场”，如图 2.5 所示。这里的“场”是指组织内外部人员能够互动分享的空间或平台，这种空间或平台既可以是现实中存在的物理模式（如公司、会议室、车间等）、网络虚拟环境下的模式（如虚拟社区、交流虚拟群、电子邮件等），也可以是心理模式的（如价值观、逻辑思维、意识形态等），还可以是上述三种模式的混合。在知识转化过程中的“场”就是组织内部人员进行知识创造活动的平台，具有隐性知识、显性知识、隐性知识之间动态可持续循环知识创造活动的特性。知识转化活动“场”由源发“场”（Originating Ba）、互动“场”（Interacting Ba）、网络“场”（Cyber Ba）和训练“场”（Exercising Ba）4 种不同的“场”构成，且不同的“场”与不同的知识转化路径相对应。其中，源发“场”中进行的是知识转化的社会化路径，也是知识创造活动的开始，在此组织内外部的人员可以沟通互动关于个人观念、价值观、情感以及经历、逻辑思维等方面的隐性知识，个体之间深入且直接的分享交流方式是这个环节知识转化的关键，因此，源发“场”受个体知识视野以及价值观的限制；互动“场”中进行的是知识转化外部化路径，在这个“场”中，组织内成员通过与其他成员或组织外的人员彼此交流有关心智模式、逻辑思维以及价值观等，进行深入的反思总结，这个环节有利于隐性知识向显性知识的转化，而人员之间的互动交流使用的“隐喻”等手段是确保交流顺利进行的关键技能；网络“场”中进行的是知识转化的联合化路径，这个“场”完全是在网络虚拟环境下的“场”，在此组织获取的新知识与已经在组织中存在的显性知识相互融合，在高科技信息技术系统的支持下整合、存储并被组织内的人员顺畅自由地分享，如办公管理系统、资源优化分配系统、数据库等；训练“场”中进行的是知识转化内部化路径，在此是显性知识转化为隐性知识的环节，能够转化为使组织创造独特竞争优势的隐性知识，因此组织应该在此环节中加强人员培训，激发人员自我学习的积极性以及创新意识，要让人员灵活地把组织现有的知识运用到产品或服务的开发中，进而人人积累经验，促进显性知识向隐性知识的快速转化，重新回到源发“场”，开始新一轮的知识转化循环过程。

社会化 源发"场"	外部化 互动"场"
内部化 训练"场"	联合化 网络"场"

图 2.5　Nonoka 的知识"场"

2.1.4　信任理论

对信任的研究最早始于社会学领域，社会学家 Luhmann（1979）在《信任与权利》一文中认为，信任是一种简化机制，信任指的是对某人期望的信心。同样是著名社会学家的 Giddens（1991）认为，随着社会的发展，信任最初来源于人类社会个体对其"本体性安全"的需要，是个体对他人或客观世界能够依赖的持续性信心。以社会学学科为背景创建的信任理论为信任在其他学科的研究以及应用实践奠定了基础。之后，对信任的研究逐步发展到组织行为学、经济学以及管理学等应用学科。因此，信任理论的研究与应用成为国内外学者研究的焦点，但由于不同领域的学者对信任的研究基于不同视角，目前关于信任的概念以及维度划分还没达成统一的认知。

2.1.4.1　信任的概念内涵

基于心理学视角的研究认为，信任是一个人本质特性的一个组成部分，是个体对其他人或组织的信念。国外学者 Gambetta（1998）将信任定义为可以观察到对方的行为方式，且无法掌控在一定情景下对自己行为的影响作用时，对对方将要采取的行动的一种主观预估；Lewis 和

Weigert（1985）在其研究中指出，信任是人及社会关系的产物，信任由理性计算以及情感信任维度构成，这两种维度能够从根本上决定个体对人际关系的态度。基于社会学视角的研究认为，信任是人类社会机制的产物，如社会基本制度以及社会文化等，是建立在惯例、习俗以及社会道德上的社会现象；Coser 和 Barber（1983）在研究中指出，信任是基于社会人际交互关系的产出结果，是一种确定的预估，对人类社会的道德判断以及社会秩序的遵循，并给予执行的信心是信任的基本预估。基于管理学视角的研究认为，信任是个体与组织以及组织与组织之间彼此认可和依赖的关系程度，这种关系可以增加客户对组织的品牌情感，进而提高客户忠诚度，降低交易成本；Kumar 和 Gilula（1996）则认为信任是关系双方能否建立交易或情感关系的能力，在彼此采取行动之前都会事先考虑将要采取的行动是否会给对方带来负面影响。

2.1.4.2 信任的维度划分

目前，学术界对于信任维度的划分主要有三维划分与二维划分两种。国外学者 Sako（1992）将信任划分为能力型信任、契约型信任和善意型信任 3 个维度；Lewicki 和 Bunker（1996）将信任划分为基于计算的信任、基于认知的信任以及基于身份的信任；国内学者谢凤华和宝贡敏（2005）在 Clark 和 Payne（1997）信任维度划分的基础上，将信任划分为认知信任、情感信任与行为信任；Mcknight 等（2002）在其研究中将信任划分为人际关系信任、制度信任与个人信任倾向 3 个维度；Lee 和 Turban（2001）将信任划分为认知信任与情感信任，其中认知信任是指个人对对方能力以及提供的相关信息的可信度，情感信任是指个人对对方善意的感知程度；国内学者罗时鑫（2007）在其研究中也采用了信任的二维划分法，将其划分为认知信任与情感信任。

在营销领域的研究中，将信任划分为认知信任与情感信任的二维划分比较常见。

（1）认知信任是指个体对对方或组织的能力、诚信以及诚意等可依赖程度的个人理性预估（Komiak and Benbasat，2004）。Rempel 等（1985）在其研究中将对方组织可信赖程度作为认知信任的基本衡量。Lewis 和 Weigert（1985）指出，认知信任是在个体对他人或组织能力理性评估基础上形成的一种信念，其中信任能力的评估有专业知识的精准性、处理突发情况的反应，以及对变动环境任务的掌控等。Mcallister（1995）在其研究中对认知信任内涵做出了界定，经过对他人充分的考察与了解，认为其是值得信赖之后产生的信任，如个人的责任心、价值观等。

（2）Mcallister（1995）指出，情感信任是在双方建立情感基础上产生的，其表现为能够设身处地考虑对方的利益、感受以及想法，可以通过双方良好的互动与交流来消除可能产生的误解。Komiak 和 Benbasat（2004）认为，情感信任是出自个体对对方或组织的一种安全需求或舒适感受的感知。Whitener 等（1998）指出，情感信任最主要的表现是善意：关心对方的利益与情感需求，采取实质的行动保护对方的利益，不能因为自己的利益而有损对方的利益。

2.2 用户参与 OUIC 前端创新环节知识创造文献评述

2.2.1 OUIC 概念内涵界定

学者 Von Hippel（2007）将 OUIC 定义为个人或企业通过产品信息传递而相互连接形成的网络，网络节点可以是面对面、电子或其他交流方式；按照 Pisano 和 Verganti（2008）等的合作模式分类，在 OUIC 中，任何用户都可以提出问题、提供问题解决方案和自主决定哪种方案被采用；Hau 和 Kim（2011）认为，需要强调企业与用户之间的创新连接，将其定义为企业与用户积极合作的网络，网络成员可以自由地互动交流和分享相关创新知识；Dahlander 和 Wallin（2006）把 OUIC 定义为以互联网计算机为沟通媒介，聚焦于产品问题解决或产品方案开发的分布式用户群体。除了社区用户外，还包括企业的有关人员，如企业研发、工程或市场人员等；Paavola 和 Kai（2004）从知识创造的视角认为，OUIC 既是一个以创新产品为实物导向的实践空间，也是一个伴随着这些概念性人工发展的知识创造空间。不同的学者基于不同的视角对 OUIC 有不同的界定，总体来说，对 OUIC 概念内涵的阐述主要从以下两个方面进行：一方面，OUIC 是以信息技术为支撑的开放式创新平台，为企业在创新过程中获取外部资源，构建信息共享与研发合作关系，将参与创新的各方连接成复杂的网络系统，包含各种知识要素和信息传递路径，形成多线性与非线性的作用过程；另一方面，由于 OUIC 属于企业重要的战略资产，企业需要参与其中，当用户在社区中分享经验、表达想法时，企业可以及时反馈并进行引导，将这些创意知识转化到新产品研发中。

2.2.2 前端创新环节相关文献回顾

2.2.2.1 前端创新概念内涵界定

在动态市场环境下，企业需要满足更加多元化的市场需求，尤其对用户需求体验的强调使得市场细分更加精细。同类型的产品，可能由于用户体验的微小差别直接导致其市场份额流失。加之，企业面临着越来越短的创新周期，研发部门必须精于开发高质量的创意并迅速将创意转变为有市场价值的产品，才能为企业创造独特的竞争优势。前端创新作为新产品开发的重要阶段，近些年逐渐成为国内外学者研究的焦点。关于新产品开发前端创新环节，目前学术界还没有一个被广为接受的定义。

1988 年，国外学者 Cooper 首次在其研究中构建了新产品开发过程模型，将此过程划分为 3 个子阶段：产品创意的形成、产品定义以及项目评估。Moenaert 等（1995）指出，产品创新是企业创新战略关键组成部分，但是在产品创意规划初期，由于商业环境和市场需求高度不确定性以及模糊性，将此环节称为“模糊前端”（Fuzzy Front End，FFE）。FFE 也被称为“先期活动”（Up – Front Activities）、“开发前阶段”（Pre – Developmentphase）、“项目开发前活动”（Pre – Project Activities）、“前期发展活动”（Predevelopment Activities）、“第 0 阶段前”（Pre – Phase 0）、“概念开发阶段”（Concept Development），以及“前端创新”（Front End of Innovation）（Cooper and Kleinschmidt，1987；Cooper and Kleinschmidt，1993；Vergantir，1997；Langerak，Jan Hultink and Robben，2004；Koen et al.，2001；Ho and Tsai，2011）。本研究归纳总结了部分具有代表性的国内外学者关于新产品开发前端创新的定义，如表 2.1 所示。

表 2.1 前端创新定义

学者	前端创新定义
Cooper（1988）	将新产品开发过程划分为产品创意的形成、产品定义和项目评估 3 个子阶段
Moenaert 等（1995）	组织提出一个产品概念后决策是否应该投入相应的资源来开发此产品
Khurana 和 Rosenthal（1997）	前端创新是从产品创意形成到该创意通过评估并进入产品开发项目之前的一个过程
Koen 等（2001）	新产品开发由机会识别、机会分析、创意产生、创意选择、概念和技术开发等活动组成，这些活动的开展不分先后，且可能重复发生
Russell 和 Tippett（2008）	将新产品开发过程中“早期”的阶段划分为创意窗口和创意选择
Jarno 和 Martinsuo（2009）	在进行新产品开发之前，确保在前端创新阶段形成的产品概念、业务计划与公司的战略目标相一致
Kock 等（2015）	始于机会被识别，并值得进一步构思、探索和评估；结束于组织决定开发此创意，并为它投入大量的资源来启动这个创新项目

续表

学者	前端创新定义
赵伯兴（2007）	对信息的获取和管理，活动的重点在于收集大量、全面的市场和用户的反馈信息
江屏等（2013）	从最初创意的产生到最终形成概念的整个过程，其重点是在产品概念设计之前进行的一系列设计活动
代军（2016）	新产品开发的起点，包括产品创意的产生、评估到开发或停止的过程，此环节对企业实施新产品开发项目至关重要

2.2.2.2 前端创新特征

高效的前端创新活动可以提高新产品开发的成功率，是提高市场绩效和核心竞争力的引擎与驱动力。但其也被认为是新产品开发进程中最烦琐和最薄弱的阶段，模糊性和不确定性是其最主要的特征，要想取得新产品开发的成功，前端创新管理是至关重要的一个因素（Ulrike and Reid，2012；Kock，Heising and Gemunden，2015）。虽然新产品开发前端创新环节是企业创新战略的重要组成部分，但是鉴于前端创新环节的模糊性和不确定性，增加了企业新产品开发的风险与成本，因此，如何降低新产品开发前端创新环节的模糊性和不确定性，是企业进行新产品开发前期阶段需解决的关键问题，也是学者需要研究的重要课题（Russell and Tippett，2008；Jarno and Martinsuo 2009；曹勇、李娜，2011）。

国内外学者从不同角度对前端创新环节的特质进行研究。一部分学者聚焦于“模糊性”特征，认为模糊性主要有三种来源：顾客模糊性、技术模糊性以及竞争者的模糊性（Zhang and Doll，2001；陈劲、高金玉，2005）。Brun 和 Saetre（2008）等认为，可以用不确定性（Uncertainty）、含义不明确（Ambiguity）和歧义性（Equivocality）来解释“模糊性”，指出相关创意“含义不明确”是导致其“模糊性”的关键。Frishammar 等（2011）则认为歧义性对前端创新环节产生重大影响。一部分学者聚焦于“不确定性”上。Kahn 等（2003）研究强调技术不确定性、市场不确定性和管理不确定性是前端创新环节不确定性的主要方面。学者 Brun 等（2009）将“不明确性”分为主题的不明确性和来源的不明确性两个维度。其中，主题的不明确性是指产品相关的技术及专业知识、市场目标、组织可用资源等；来源的不明确性是指创新性、合理性以及可靠性等。还有一部分学者从“模糊性”和“不确定性”来确定前端创新的特质，分别为市场需求的不确定性和模糊性、专业信息技术的不确定性和模糊性、组织所处竞争环境的不确定性以及创意开发所需资源的不确定性 4 个方面。另外，还有学者认为前端创新过程须采用系统非正式的方式，学者 Murphy 和 Kumar（1996）用“动态的”（Dynamic）、“非结构化的”（Unstructured）和“低正规化的”（Low Levels of Formalization）来描述 FFE 的特征。因此，前端创新环节管理的关键点在于最大限度地消除各种导致“模糊性”和“不确定性”的因素，并实施高效的前端创新环节的管理措施，与新产品开发项目进行顺利的衔接和协调，最终取得新产品开发项目的成功。

2.2.2.3 前端创新研究的重要性评述

新产品开发前端创新环节很大程度上决定哪种新产品会被开发，在此阶段会提出一个新产品概念，决策组织能否投入相应的资源，把此创意开发成新产品。前端创新不仅是新产品概念的创新，还包括市场或消费者的需求、相关信息技术的支持以及创意的筛选评估等一系列活动，都是在新产品开发前端创新环节中需要开展的（Backman，Borjesson and Setterberg，2007）。

前端创新环节一系列开发活动进展的有效性，以及将创意转化为产品概念、新产品开发项目整体规划是最终取得新产品开发成功的关键，不仅促进组织间的沟通与协同，而且提高了项目的成功率（Verworn，2009）。国内学者张洪石等（2004）系统探讨了前端创新环节管理的内容和步骤，并指出前端创新环节的管理，能够激发新产品创意的产生以及提高市场机遇识别的概率。从前端创新环节获取优质创意，并将其转化为有潜在市场价值的产品概念，同时促进以知识转化和知识整合为特征的企业知识创新，对企业成功开发新产品而言尤为重要。Bertels 等（2011）从两个方面归纳总结了前端创新的重要性。①前端创新位于新产品开发过程的开始阶段，对产品创新绩效很关键。虽然产品概念、设计以及产品开发项目计划会在之后的产品开发阶段逐渐改善，但是在前端创新阶段做出的决策，会限制业务部门的产品开发计划和最终商业化的产品选择，强调了前端创新战略的重要性。②前端创新与之后的新产品开发阶段有很大的不同，后者已经进行了深入的研究，并应用到了实践中。但是，关于前端创新的机制还缺乏系统的整理与归纳，因此，基于特定的理论框架和背景，深化与拓展前端创新的路径机制显得尤为迫切和必要。

2.2.2.4 前端创新经典模型评述

国内外学者通过构建前端创新管理模型，将前端创新过程结构化、清晰化来提高新产品开发项目前端创新阶段的有效管理。其中，Khurana 和 Rosenthal（1998）在研究中第一次构建了新产品开发前端创新过程模型，如图 2.6 所示。该模型将基础要素和特定项目要素两个方面作为新产品开发前端创新的基础。其中，基础要素包括产品战略和投资战略两部分，聚焦于组织的基础资源和能力，贯穿新产品开发项目的整个

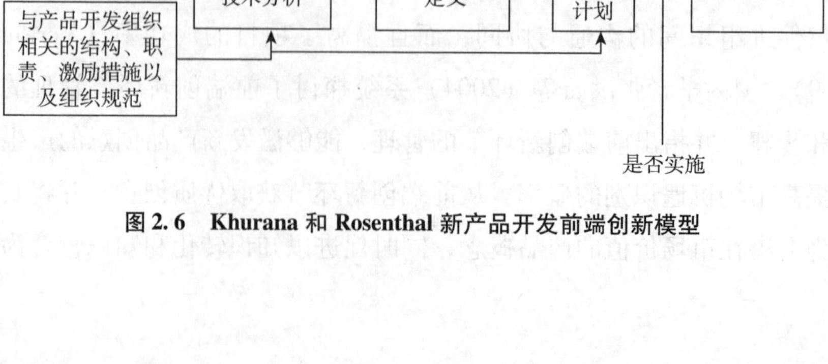

图 2.6 Khurana 和 Rosenthal 新产品开发前端创新模型

活动过程；特定项目要素主要指与产品开发组织相关的结构、职责、激励措施以及组织规范，在前端创新过程中起着有效的整合和协调作用。该模型进一步将前端创新环节分为阶段0前，主要进行初步市场机会识别、目标市场和产品信息技术分析；阶段0主要将创意转化为产品概念，并形成产品定义；阶段1主要进行产品定义和项目计划。最终决定是否进入新产品开发，启动正式的新产品开发项目。该模型仅局限于组织内部，是封闭式模型。

在Khurana和Rosenthal经典模型的基础上，为了使前端创新环节更加清晰明确，Koen等（2001）在其研究中收集多家企业前端创新环节的案例进行研究后构建了新产品开发前端创新管理模型，如图2.7所示。该模型由前端创新过程的5个前端核心要素、引擎以及影响因素3部分构成。其中，核心要素主要为机会识别、机会分析、创意产生、创意选择、概念和技术的发展；引擎部分是指组织文化氛围和领导关系等，是5个前端核心要素的驱动力；影响因素与组织能力、经营战略、竞争因素以及技术成熟度有关。该模型突破了组织内部，将组织内部和

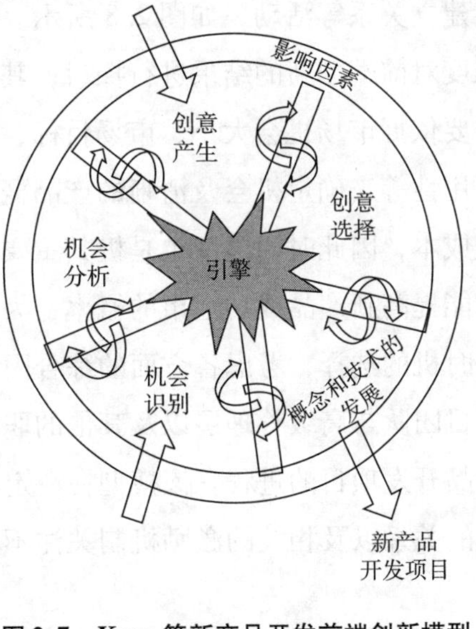

图2.7 Koen等新产品开发前端创新模型

组织外部环境有效结合起来，但只注重了不同步骤间的衔接和互动，没有关注组织外部的其他资源。

上述两个经典模型都是在大量的企业新产品开发前端创新活动案例研究基础上提炼形成的，既有共同点，也有不同的侧重点。其共同点在于都认同前端创新过程包含机会识别、创意产生、筛选与评估、产品概念的形成与定义以及新产品开发项目的规划。同时，两个模型也存在一定的局限性。

Khurana 和 Rosenthal 的模型尽管涉及一定程度的市场因素，但是此模型将前端创新过程看作一个有活动顺序的单一模式，忽略了前端创新环节的复杂性与重复性。Koen 等的模型仅侧重于组织内部相关因素驱动的概念描述，却忽略了市场或者顾客等其他重要因素，对企业实施有效的前端创新环节管理实践活动的实际指导意义有限。

Kim 和 Wilemon 构建的模型采用 5 个关键要素，核心点在于委托一个专业的知识管理个体或团队去指导前端创新环节，以及提供前端创新活动组织支持、构建信息支持系统、掌握前端创新环节模糊性来源、与供应商、合作伙伴建立关系等活动，如图 2. 8 所示。通过 5 个关键要素的管理，从 3 个维度对前端创新的结果进行探讨，其中一个维度为项目的选择和定义，主要依据市场机会大小、市场目标、合作战略联盟、关键技术和资源的可用性等来确定机会及清晰的产品概念。前端创新过程的成本主要是延误成本，因此时间维度也是极其重要的。前端创新活动开始得越早，就越能提高新产品成功上市的概率，为企业创造独特的竞争优势，但要注重时机的选择，考虑各方面的综合因素。另一个维度是人力资源，通过项目团队与高级管理层以及其他的职能组织建立内外部关系，来影响新产品开发项目的进程。该模型在一定程度上体现了开放性，但对各要素间的关系以及相关的激励机制关注不够，也存在一定的局限性。

Sandmeier 等（2004）通过对多家欧洲企业的实证调查，将前端创

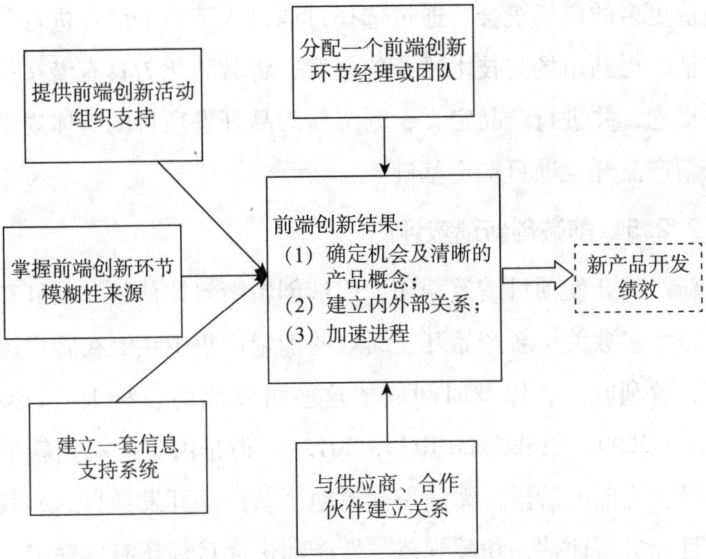

图 2.8 Kim 和 Wilemon 新产品开发前端创新模型

新活动分为技术驱动型、市场拉动型以及市场拉动与技术驱动混合型 3 种模式。单纯的技术驱动型前端创新活动，优点在于可以让企业保持技术上的持续性创新；缺点在于技术驱动的产品创新仅仅是由研发部门主导的，市场等其他部门的创新资源完全不参与，增加了新产品上市的风险。单纯的市场拉动型前端创新活动，优点在于通过洞察市场来识别机会和创意，牢牢把握消费者的市场需求，使得新产品能够很快地融入市场；缺点在于这种创新的产品往往是渐进式改革，无法提高企业的核心竞争优势。市场拉动与技术驱动混合型前端创新活动，不但能够提高市场机会的识别概率，把握消费者需求，筛选创意，而且可以把新技术与创意进行融合，突破单一的开发方式，合理分配企业可用资源，降低成本费用，提高新产品的市场竞争力。

进一步，Sandmeier 和 Jamali 通过理论分析与实证调查，在以往研究的基础上构建了整合前端管理过程模型，对前端创新活动进行了具体的描述，由 3 个阶段构成的具有反馈循环双向结构模型，分别为市场和技术机会分析、产品与商业创意以及产品与商业计划方案。第一阶段结果是创造更多的市场机会，通过选择过滤进入下一个阶段进行创意的产生与评估，得到市场与技术平衡的创意，将其转化为具有潜在市场价值的产品概念，并进行产品定义，制定新产品开发项目的整体规划，为正式进入新产品开发项目奠定基础。

2.2.2.5 前端创新绩效评估

与新产品开发项目绩效相比，前端创新绩效评估是一项具有挑战性的工作。大多数关于新产品开发绩效的衡量都集中在潜在客户需求的满足程度、盈利收入，以及时间成本这些可观测的目标上（Poskela and Martinsuo，2009；Ulrike and Reid，2012）。但是由于前端创新是新产品开发项目实施前的阶段，无法用衡量整个新产品开发项目的那些明确的可测量目标进行评估，相关规范、性能和进度目标还有待确定，因此需要针对该阶段建立绩效衡量指标（Kock，Heising and Gemunden，2015）。国内外学者从不同角度对前端创新绩效进行了研究，提出了相对应的衡量指标。其中，基于组织观点的学者强调前端创新主要是促进战略更新，提高组织学习和应变能力；而前端创新绩效直接用战略更新进行评估，如开启新产品开发机遇的程度、开始新市场的程度、市场的增长程度和技术专业知识增加的程度等构成衡量指标（Danneels，2002；Artto et al.，2008；Poskela and Martinsuo，2009）。基于过程观点的学者认为，应该通过前端活动来衡量其绩效。学者 Reinertsen（1994）在其研究中用前端过程的时间、成本以及错误率等指标来衡量前端创新绩效，Salomo 和 Mensel（2001）则从具体性（Specification）和可持续性（Sustainability）两个维度来衡量前端创新绩效。基于特征观点的学者以前端创新环节特征的变化作为绩效衡量的指标，如市场和技术的模糊性以及不确定性的降低。基于结果观点的学者认为，前端创新活动结束时，形成的“交付物”可作为衡量绩效的基础，如有潜在市场价值的产品概念、完善的产品定义以及清晰的项目开发计划等指标（Kim and Wilemon，2002）。

2.2.3 OUIC 知识创造过程

Paavola 等（2004）认为，从知识创造的视角来看，OUIC 既是一个以创新产品为实物导向的实践空间，也是一个伴随着这些概念性人工发展的知识创造空间。在 OUIC 中，通过对社区用户产生的知识进行梳理与细化，并将这些知识进一步精练，与整个组织的知识系统融合在一起，供社区用户自由分享使用。对于 OUIC 知识创造活动的分类，Mahr 和 Lievens（2012）将其分为方案聚焦型和问题聚焦型两类。Nambisan（2002）则认为 OUIC 知识创造活动主要包括与产品、技术相关的知识获取和知识转换两种类型。总的来说，知识创造活动过程在一定程度上取决于新知识获取的过程，并与组织内已经存在的知识相融合，将其高效利用到组织的新产品开发项目中。用户参与 OUIC 知识创造的过程也是产品或服务创新知识生成过程，即知识获取、选择、生成、内化和外化的过程。

国外学者 Swan 等（2000）的研究认为，OUIC 知识创造活动是“社区化模式”，而“社区化模式”是指用户基于自身的经验知识在重新进行社会构建的过程中新知识应运而生。国内学者原欣伟和杨少华（2017）等在经典 SECI 模型（Nonaka，1994）知识社会化、知识外化、知识联合化、知识内化的基础上，构建了 OUIC 的 SECI 模型，如图 2.9 所示。

OUIC 的 SECI 模型由个体知识积累、共享隐性知识、创新概念化、创新具体化、合理性验证、知识网络化 6 个相互连接的过程构成。其中，用户产品创意一般是基于自身的多样化知识，如个人的产品需求愿望、当前遇到的产品问题以及产品解决的相关信息、逻辑思维、价值观等，这是一类带有用户异质性的隐性知识，而只有用户自愿与其他用户互动分享时，这类知识才能在社区中传播。只有在社区用户的互动交流中，才能筛选创意并将其转化为产品概念，进而完善产品概念，规划新

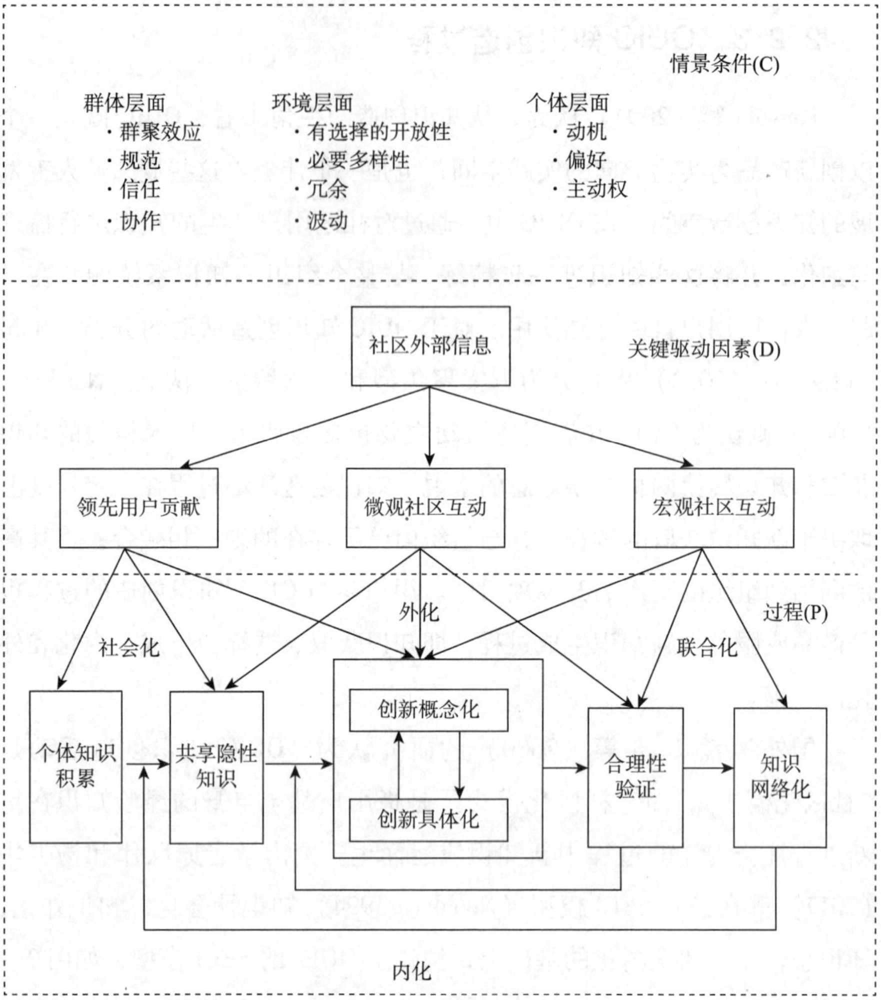

图 2.9　OUIC 的 SECI 模型

产品开发项目并合理验证创新方案。这是一个反复迭代的过程，直到创新方案和知识被社区用户接受，实现创新知识的网络传播。其中，个体知识积累到共享隐性知识的过程是知识转化过程中的社会化路径，创新的概念化与具体化是知识转化过程中的外化路径，从合理性验证到知识网络化是知识转化过程中的联合化路径，知识网络对个体知识的影响是知识转化过程中的内化路径。

2.2.4　B/C 端创意主题发布模式

在 OUIC 中，用户在线交流分享所形成的互动效应是社区知识创造深化的重要动力（Hienerth and Lettl，2011），其中激发用户参与产品创意主题的讨论是互动效应的内容载体。OUIC 通常由不同的模块构成，每个模块作为社区子区域被用于更细分的新产品创意主题讨论，企业或用户利用用户之间共同兴趣和独特的个体资源，围绕某一种或一类产品发布创意主题，是激发用户创意以及吸引其他用户参与到产品创新讨论中的主要途径。学者 Amabile 等（1996）指出创意是产品创新的基础资源和起点。在 OUIC 中，发布产品相关的创意主题能够吸引社区用户聚拢人气，进一步形成“群聚效应”。因此，发布创意主题是激活企业与用户以及用户与用户之间连接的关键。在 OUIC 中，发布创意主题通常有两种模式。一是由企业主导发布的创意主题，例如，我们准备升级或推出一款产品，你们能接受吗？有什么建议？本研究将其简称为“B 端创意主题”。二是由社区用户主导发布的创意主题，例如，我需要一款产品，大家觉得怎么样？企业可以为我生产吗？本研究将其简称为“C 端创意主题”。

在不同发布模式下，创意主题创新任务具有差异性。汪涛等（2010）的研究中将创新任务分为基于核心子系统的相关创意和基于周边子系统的相关创意两种类型。其中，基于核心子系统的创新任务是指与产品的主要功能有关，主要目的是完善或提高当前产品的主要设计性能，例如，通过技术改变或技术升级更好地解决产品现有问题，或者直接提出全新的设计方案。这类创新任务需要创新者具备更高的专业技术信息能力。基于周边子系统的创新任务是指同产品的主要功能没有直接关联，仅仅是通过增加新的功能或者改变部分产品外观，使其更好地满足消费者除产品主要性能之外的其他需求。这类创新任务需要创新者具备更多的消费经验知识。为了最大限度地发挥用户自身以及企业各自的资源优势，本研究做出定义：在B端创意主题（企业主导发布）下，创新任务主要涉及以技术信息知识为主的核心子系统的相关产品创意；在C端创意主题（用户主导发布）下，创新任务主要涉及以消费者信息知识为主的周边子系统相关创意。

进一步，复杂性和隐含性是知识的两个重要特征（Pérez - Luño et al.，2011；汪永星等，2012）。其中，复杂性是指与特定的知识有关的技术、路线、惯例以及资源的数量，依据复杂性高低分为复杂知识和简单知识；隐含性是指知识深植于个体的行动、信念中，由实践感悟得到并且难以编码的知识，依据隐含性的高低分为隐性知识与显性知识。在OUIC中发布的创意主题信息构思也具备这两个特征，由此，可形成4种创意主题信息构思类型，分别为高复杂性高隐含性、低复杂性低隐含性、高复杂性低隐含性、低复杂性高隐含性。其中，高复杂性高隐含性的创意主题需要创新者同时具有较高水平的专业知识以及丰富的消费者知识，创新任务要求高，复杂性较高，在OUIC中较少开展这类创新任务；低复杂性低隐含性的创意主题创新价值有限，在OUIC中也较少开展这类创新任务；而高复杂性低隐含性的创意主题需要创新者具有较扎实的专业知识和技能，在OUIC中企业具备这种能力，由其主导发布的这类创意主题不仅能够呈现其高水平的专业潜质，也是推广、引导以及培养用户产品专业知识的一种途径，在OUIC中较常见此类创新任务；低复杂性高隐含性的创意主题需要创新者具备丰富的消费者信息知识，在OUIC中用户拥有独特的产品使用经验，由其主导发布的这类创意主题能够引起用户之间的情感共鸣，在OUIC中较常见此类创新任务。在上述文献研究的基础上，本研究将创意主题信息构思中知识复杂性定义为：与产品相关的专业技术、工作原理等，主要涉及核心子系统相关属性的高新技术专业信息，同时这类知识社区用户相对缺乏。将创意主题信息构思中知识隐含性定义为：用户产品的使用经验、诀窍，以及存在于头脑中的心智与思维模式，带有个体洞察的，通常很难用正式、系统的语言在社区中进行传播的信息，是用户独有的经验知识信息，也是企业相对缺乏的信息。因此，在B端创意主题（企业主导发布）下，创意主题构思信息具有高复杂性低隐含性的特性；在C端创意主题（用户主导发布）下，创意主题构思信息具有低复杂性高隐含性的特性。

2.2.5 用户知识创造力概念内涵界定

用户参与OUIC前端创新环节时的知识创造力是完善和深化用户创意，形成产品概念的关键驱动力（Zhou，2003；王莉、任浩，2013）。因此，提高社区用户知识创造力成为OUIC获取前端创新成功的重要举措。关于创造力的概念，目前学术界还存在一定的争议，并从不同的视角对创造力的概念进行界定：基于过程视角的学者认为创造力是一种过程，如Wertheimer（1959）等将其定义为，个人辨析问题本质和内在的逻辑关系，进而提出解决问题的创造性方案的过程。Koestler（1964）在之前学者研究的基础上对创造力概念做出了进一步的解释，即将原本没有任何关系的异类观点或知识联系起来，进而产生新的问题解决方案。Mumford（2000）则将创造力定义为个体与外界在不断互动中进行的创造过程。尽管从这个角度阐述了创造力产生的过程，却忽略了个体的认知和能力，因此后来的学者开始从个性特征的视角对创造力进行新的诠释，Barron和Harrington（1981）指出，有创造力的个体拥有更广泛的兴趣、更具冒险精神以及不墨守成规。Amabile等（1996）认为，除了个人特质以外，还具备与创造力相关的知识技能，例如，创造思考能力、选择能力以及发散性思考能力是个体不可缺少的。在此后的研究中，学者开始关注个体因素与创造力之间的关联。尽管上述视角都能够反映影响创造力的因素，却无法体现创造力的客观存在模式。因此，近年来，有不少学者开始从产出结果的视角对创造力进行研究，Shalley等（2004）将创造力定义为产生新颖且实用的观点或创意。创造力的本质是想出新颖以及更好处理问题的方法，需要发散思维、新奇和玩兴。个体创造力有别于组织创新，创造力是个体产生新的、有用的想法，而组织创新则是由组织成功地实施创造性的想法，因此个体创造力往往是创新的起点。本研究拟从第三种视角来界定用户参与 OUIC 前端创新环节的知识创造力，将其定义为用户与企业或其他用户在线互动中产生关于新产品、服务和生产方法以及管理过程的新颖且有潜在价值的创造性想法，有助于企业发展。

相关研究证明，个体创造力受组织中情景因素的持续影响，影响的理论路径有两条：一是个体从所处情景中获取与创造力有关的策略和技巧，二是相关情景因素激发个体从事创新性工作的内在动机（Zhou，2003）。在 OUIC 中，企业通常以自己发布创意主题或鼓励用户发布创意主题的模式来激发用户参与前端创新环节知识创造活动，为用户提供一个知识价值共创的交流平台。通过在线互动交流与分享帮助用户获取与创意相关的专业技术知识信息和消费经验知识信息，发现潜在问题，提高用户知识创造力，激发各种创意，并采用适当的标准来完善和评估创意（Hau and Kang，2016；刘倩、孙宝文，2018）。

2.2.6 IPM 概念内涵界定

在 OUIC 中，鉴于前端创新环节高创造性的特殊要求，必须赋予用户高度的自由和独立的前端执行活动（Poskela and Martinsuo，2009）。但同时，用户参与创新行为是相对开放和不可控的，并不是所有的用户创新都有利于企业发展。因此，企业是否应该控制新产品开发前端创新环节，如何控制？根据 Schulze 和 Hoegl（2008）的研究，现有的创新文献只有 5% 是针对前端创新和创造力的研究，而管理实践对前端创新和绩效的相关影响研究更是少见，并且学术界关于新产品开发前端创新环节管理控制方面的研究还存在争议。例如，行为控制扼杀创造力（Bonner，Ruekert and Walker Jr，2002），但是过程模式化又创造了改善沟通和协调能力的优势（刘新梅、赵旭、陈玮奕，2017）；一些研究强调为创新任务设置具体的工作和有挑战性的战略目标的重要性（Campbell and Furrer，1995），而其他的研究则指出这种做法阻碍了学习和创新（Poskela and Martinsuo，2009），过多或过少的管理干预都会对用户感知造成负面影响（Ponnamma Divakaran，2017）。因此，企业在对前端创新环节进行管理时面临一个关键问题：企业作为组织方如何根据企业的战略目标和资源管理前端创新活动，以避免或减少用户创新行为的盲目性，引导用户产生符合企业有目标价值的知识，实现知识资源的有效配置、新创知识质量与商业价值的提升，以促进创新的最终实现。目前，还不清楚企业在用户参与 OUIC 前端创新环节知识创造过程中扮演什么样的角色，例如，企业参与太多前端创新环节的活动，往往被用户负面的感知侵扰，可能会影响用户的积极性；而参与太少又被认为对用户提出的问题关注太少（Ponnamma Divakaran，2017）。因此，对于企业来说，确定企业参与的时机是至关重要的。Sibai 等（2015）在其研究中探讨了关于如何有效地管理在虚拟社区中高度多样化的消费者，以及社会控制和执行的相关问题。社区管理者需要了解社会控制系统是如何运作和建立的，以及何时让社区成员自己非正式地解决问题。以往的研究主要集中在通过正式干预和社区成员的授权来进行冲突管理，更多地关注社区的健康运行，以确保社区成员的持续参与。

综上所述，鉴于 OUIC 是企业利用外部资源开展前端创新的一个重要战略基地，一方面，为了获得潜在可行性创新项目的均衡组合，企业必须激发用户产生足够数量和多样化的高质量创意；另一方面，由于企业资源限制，需要严格筛选和优先发展具有高潜在市场价值的产品创意。因此，企业需要从创意组合的战略视角而非孤立的创意项目对前端创新活动进行管理。本研究引入 Kock 等（2015）的 IPM 来探究用户参与 OUIC 前端创新环节知识创造过程中企业实施 IPM 时对用户知识创造力与前端创新绩效的影响。IPM 指支持创意的产生、选择有价值和相关的创意与概念并进行创新组合项目开发的管理实践。IPM 由创意构思战略、过程形式化以及创意激励 3 个维度组成。其中，创意构思战略是指创意的构思和筛选活动必须与企业的创新战略相一致；过程形式化是指前端创新活动和创意的评估与筛选受规则及程序的制约程度。过程形式化是一种封闭的行动战略，旨在实现知识的整合和调整。创意激励是指赋予社区用户创造性任务的管理和自主权，这是一种开发的行动战略，支持用户进行知识创造和创意的产生。创意组合视角对企业的要求为：①为产生足够多数量创新性和有价值的创意创造组织条件；②制定程序和规则，以评估、选择和进一步完善有市场价值的创意；③确保创意和机会与公司长远的目标相匹配。

2.3 本章小结

本章对信息传播理论、组织学习理论、知识管理理论、信任理论等基础理论，以及用户参与 OUIC 前端创新环节知识创造过程相关文献进行了梳理回顾。在新经济环境背景下，随着智能互联网的普及及渗透，用户参与虚拟创新社区知识创造活动，已成为企业获取外部资源取得前端创新成功的关键渠道，也成为企业促进产品创新生产与扩散的重要战略途径。但是，目前国内对于 OUIC 这类社区中用户参与产品知识创造过程的相关研究仍然处于起步阶段，系统全面地对用户参与此类社区知识创造过程机制的研究还较少，而企业在此过程中的管理角色问题，在已有文献的研究中尚未达成统一共识，具有一定的争议性。因此，需要对用户参与 OUIC 前端创新环节知识创造过程进行深入剖析，厘清 OUIC 中用户以及企业在知识创造过程中的相互作用机制，为企业利用 OUIC 实施产品知识创新提供有价值的理论与实践支撑。鉴于此，本研究在现有文献的基础上，选择拥有丰富家用电器使用经验的用户为研究对象，从企业对用户创新行为引导的视角，来探讨企业在用户参与前端创新环节知识创造过程中扮演的管理角色的作用，进而在 OUIC 中协同创新的研究框架内，构建一个在适应新经济环境下，用户参与 OUIC 前端创新环节知识创造活动影响机制的理论模型。

3 研究假设与理论模型构建

通过对以上基础理论和经典文献的回顾与梳理，并结合以往相关研究，本研究从企业对用户创新行为引导的视角，引入 IPM 这一重要研究变量，并结合前端创新环节不同创意主题发布模式，构建在新经济环境下，用户参与 OUIC 新产品开发前端创新环节知识创造过程的影响机制理论模型。围绕如下急需解决的四大议题展开研究：①不同创意主题发布模式（B 端创意主题或 C 端创意主题），是否会对用户选择学习方式路径产生差异性影响；②用户选择不同学习方式路径对其知识创造力产生的影响；③用户知识创造力与前端创新绩效的关系以及企业在此过程中发挥的管理角色作用；④企业实施 IPM 最佳的导入时机。为更好地研究第四个议题，本研究拟将用户参与 OUIC 前端创新环节细分为创意产生阶段（第一阶段）和创意发展阶段（第二阶段）两个阶段。在不同创意主题发布模式（B 端创意主题与 C 端创意主题）与不同前端创新阶段（创意产生阶段和创意发展阶段）“2×2”组间设计下，构建在不同组间设计分别导入 IPM 时，用户知识创造力和前端创新绩效的动态纵向评估模型，确定企业管理的最佳干预时机。为进一步验证最佳导入时机，本研究在不同创意主题发布模式与不同前端创新阶段组间设计下，分别导入 IPM 时，拟合用户知识创造力与前端创新绩效间的函数曲线（唐小飞等，2009），求证用户高（低）知识创造力形成的内在机制，并揭示前端创新绩效动态纵向变化过程。由此，充实并拓展当前的研究领域，并对企业实施用户参与 OUIC 企业知识创新提供有价值的理论借鉴与实践启示。

3.1 用户参与 OUIC 前端创新环节知识创造过程

3.1.1 B/C 端创意主题对用户应用/探索式学习的作用机制

国外学者 Amabile 等（1996）指出创意是创新的基础资源和起点。智能互联时代，OUIC 打破传统限制将企业与终端用户直接对接起来，其高成效和富有创新性的背景特性，使其成为企业利用外部资源获取用户创意，并取得新产品开发前端创新环节成功的重要创新平台（刘倩、孙宝文，2018）。在 OUIC 中，知识创造的价值来源于社区中企业与用户、用户与用户之间的创新行为（原欣伟、杨少华，2017），而通过用户个体知识贡献，用户与用户之间的知识传递、转化以及用户与企业之间的知识传递、转化、输出等互动行为形成的社区在线互动效应，是激发用户创意产生以及促进社区知识创造深化的关键驱动力（Hienerth and Lettl，2011；刘倩、孙宝文，2018）。进一步，在 OUIC 中，由于用户之间互动效应而产生的用户生成内容，不仅是企业信息知识传播和战略推广的载体，更是激发社区用户产生创意的新逻辑过程（De Valck，Van Bruggen and Wierenga，2009；丁志慧、刘伟、黄紫微，2015）。因此，在 OUIC 中发布创意主题，激发用户参与到前端创新环节知识创造活动中，是社区得以生存和发展的基础，更是获取前端创新环节用户创意的起点和关键点（王莉、任浩，2013）。OUIC 通常由不同的模块构成，每个模块作为社区子区域用于更细分的新产品创意主题讨论。企业或用户利用社区用户之间的共同兴趣和独特个体资源，围绕某一种或一类产品发布创意主题，其他社区用户通过浏览、回复来发表自己的评论见解，吸引感兴趣或有需求的其他社区用户聚拢人气，好的产品创意主题会吸引越来越多的社区用户参与到产品创新讨论中，并激发更多的产品创意（Wasko，Teigland and Farajs，2009；Wang and Chen，2012；原欣伟、杨少华，2017）。因此，在 OUIC 中，发布的产品创意主题是激活企业与用户、用户与用户之间交流互动的连接点。

在 OUIC 中，发布创意主题通常有两种模式：一是 B 端创意主题（企业主导发布），这种创意主题模式的创新任务，主要涉及以专业技术信息知识为主的核心子系统相关产品创意，信息构思特征是高复杂性低隐含性，企业对这类信息相对擅长，但社区用户比较缺乏；二是 C 端创意主题（用户主导发布），这种创意主题模式的创新任务主要涉及以消费者经验信息知识为主的相关产品创意，信息构思特征是低复杂性高隐含性，社区用户拥有丰富的此类信息，但企业相对比较缺乏。而不同创意主题发布模式下的创意信息构思特征，是引发社区用户创新行为的内在驱动因素。

进一步，用户参与 OUIC 前端创新环节新产品创意主题不同发布模式，既是企业与用户、用户与用户间在线互动的载体，也是不同类别知识间相互碰撞的过程，更是社区用户之间人际关系的作用过程。从人际信任理论的视角来看，不同创意主题发布模式下信任产生的心理作用机制具有差异性，而不同的信任作用机制会激发起社区用户不同的行为方式（Mcallister，1995；Lee and Turban，2001；Mcknight，Choudhury and Kacmar，2002；Komiak and Benbasat，2004）。国外学者 March（1991）在研究组织适应过程中，基于探索新的可能性和利用旧的确定性的逻辑第一次提出应用式学习与探索式学习。其中，应用式学习是指与学习主体现有知识基础深化有关的活动，可以用“提炼、筛选、生产、效率、选择、实施、执行”等术语来描述学习行为。探索式学习是指与学习主体知识基础的拓展或更新有关的活动，可以用“探索、变化、承担风险、实验、尝试、应变、发现、创新”等术语来描述学习行为（王端旭、薛会娟，2013）。在 B 端创意主题（企业主导发布）下，主要涉及高复杂性低隐含性的专业技术信息知识，这类知识是社区用户相对比较缺乏的。在此类发布模式下，会唤起用户对企业以能力为主的认知信任，而这种认知信任能够激发用户与企业以及其他社区用户，以核心子系统相关的产品创意进行深度和高频率的信息交流与分享，促进用户之间深层次的合作和交流，理解熟悉以及掌握应用这些新的知识，有利于深度开发利用此类知识（Mcknight，Choudhury and Kacmar，2002；姜洪涛、邵兵家、许博，2008；王端旭、薛会娟，2013）。因此，在B端创意主题（企业主导发布）下，社区用户倾向于选择应用式学习来参与社区中的知识创造活动；在C端创意主题（用户主导发布）下，主要涉及低复杂性高隐含性的消费者信息知识，而这类知识对于社区用户来说，不仅熟悉而且自身经验丰富。在此类发布模式下，唤起用户之间的情感信任，而这种情感信任能激发用户与企业以及其他社区用户，以周边子系统相关产品创意进行交流互动，获取大量带有个体洞察与经验分享的异质性、多样化的新知识，对于深入分析问题的本质有着重要意义，有利于用户进行创造和探索（王端旭、薛会娟，2013）。因此，在C端创意主题（用户主导发布）下，用户倾向于选择探索式学习来参与社区的知识创造活动。由此，本研究提出以下假设。

H_{1a}：在B端创意主题（企业主导发布）下，社区用户倾向于选择应用式学习。

H_{1b}：在C端创意主题（用户主导发布）下，社区用户倾向于选择探索式学习。

3.1.2 应用/探索式学习对用户知识创造力的作用机制

在OUIC中，用户知识创造力是完善和深化用户创意，形成新产品概念的关键驱动力（原欣伟、杨少华，2017）。因此，提高OUIC中用户知识创造力成为取得新产品开发前端创新环节成功的重要举措。在B端创意主题（企业主导发布）下，用户对创意主题中涉及的专业技术信息知识进行深度了解和学习。一方面，通过应用式学习不但强化了用户对现有产品知识的整合和应用，而且在原有产品知识基础上增加了新的知识，必然会出现新老产品知识面的交叉问题，进而激活原有产品知识并产生新产品知识（王端旭、薛会娟，2013）；另一方面，创意主题的发布会激发用户之间关于核心子系统信息知识的互助学习，用户之间的相互交流与沟通会为社区用户带来多样化的知识渠道。国外学者 Milliken 和 Martins（1996）在研究结论中指出，拥有多样化而不重叠知识的经验个体最具有创造力。同理，在 C 端创意主题（用户主导发布）下，通过创意主题中涉及的消费经验信息激发用户参与到知识创造活动中。从认知的视角来看，个体创造的过程也是伴随着逻辑思维发散与收敛的过程。进一步，从个体感性经验中得到带有洞察的隐性知识在其本质上更富有异质性，而属于个体独特的知识更有利于创造性问题的解决，为界定问题的性质和分析问题的成因提供新的视角，从而提高自身的创造力（汤超颖、艾树、龚增良，2011）。在 C 端创意主题（用户主导发布）下，一方面创意主题中涉及的消费知识信息能够唤醒用户之间共同的消费体验经历，引发自身的产品消费情感，产生共鸣，激发用户创新意识；另一方面用户通过与其他用户之间的交流碰撞和探讨，在自身消费经验基础上融合其他用户带有个性化、异质性的经验信息，更有利于提高用户知识创造力。由此，本研究提出以下假设。

H_{2a}：用户选择应用式学习，有利于提高用户知识创造力。

H_{2b}：用户选择探索式学习，有利于提高用户知识创造力。

3.1.3 企业导入 IPM 的调节作用

用户参与 OUIC 前端创新环节知识创造活动时的创新行为，是为满足自己已出现的或不可预测的需求，所进行的跨组织边界的新老知识的获取、理解、融合、再分配的演绎过程。因此，用户需求和兴趣的变化是产品知识创造的基本方向（Poskela and Martinsuo，2009），增强用户知识创造力在一定程度上能够提高前端创新绩效。但是，在 OUIC 中，由于前端创新环节高创造性的特殊要求，必须赋予用户高度的自由和独立的前端执行活动（Poskela and Martinsuo，2009）。同时，用户的创新行为是相对开放和不可控的，用户会产生大量、多种多样的创意，但是由于公司战略目标和可用资源的限制，其中大多数的用户创意可能并不符合企业的目标价值，即并不是所有的用户创新行为都是有利于企业的产品知识创新（Sibai et al.，2015；Ponnamma Divakaran，2017）。只有符合社区用户和企业共同利益的用户创意才具有潜在的市场价值。鉴于OUIC是企业高效利用外部资源开展前端创新活动的一个重要战略基地，一方面，为了获得潜在可行性创新项目的均衡组合，企业必须激发社区用户产生足够数量和多样化的高质量创意；另一方面，由于企业战略目标和可用资源的限制，需要严格筛选与优先发展具有高潜在市场价值的产品创意和概念。因此，企业需要从产品创意组合的战略视角而非孤立的产品视角对用户的创新行为进行引导，使其创造出有利于企业的目标价值。从这个视角出发，本研究引入Kock等（2015）的IPM来探究企业对用户参与OUIC前端创新环节创新行为的引导机制，验证IPM是否在用户参与OUIC前端创新环节知识创造活动中起到了关键的调节作用。IPM是支持创意的产生、选择有价值和相关的创意及概念，并进行创新组合项目开发的管理实践。IPM由创意战略、过程形式化以及创意激励三个维度组成。其中，创意战略是指创意的产生以及筛选活动必须与企业的创新战略保持一致；过程形式化则是提供了一系列明确的标准，不仅不会阻碍创意的产生，而且有助于创意的筛选，并将具有潜力的创意迅速转变为有价值的产品概念；创意激励是指给予用户支持和自主权，激励他们完成创新任务。因此，当企业在用户参与OUIC前端创新环节知识创造活动中导入IPM时，能够引导用户进行创新产生符合企业目标价值的知识。由此，本研究提出以下假设。

H_3：用户知识创造力能够提高前端创新绩效。

H_4：企业实施IPM对用户知识创造力与前端创新绩效之间的关系

起正向调节作用。

H_{4a}：创意战略正向调节用户知识创造力与前端创新绩效之间的关系。

H_{4b}：过程形式化正向调节用户知识创造力与前端创新绩效之间的关系。

H_{4c}：创意激励正向调节用户知识创造力与前端创新绩效之间的关系。

根据以上分析，本研究提出研究理论框架模型如图 3.1 所示。

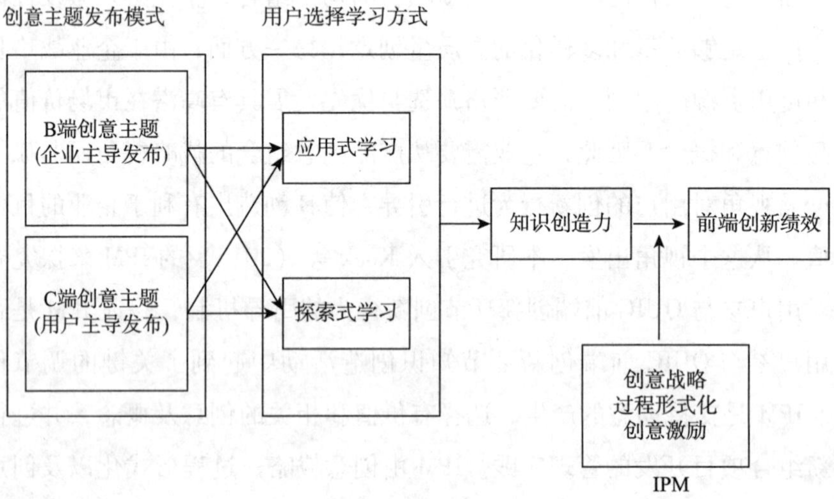

图 3.1　研究理论框架模型

3.2 企业导入IPM时机研究

3.2.1 不同创意主题模式下企业导入IPM时机模型构建

3.2.1.1 在B端创意主题（企业主导发布）下企业导入IPM时机模型构建

在B端创意主题（企业主导发布）下，模型动态地分为$P_{t-1/B}$期、$P_{t/B}$期、$P_{t+1/B}$期3个阶段，即IPM导入前、IPM导入时和IPM导入后。其中，$CA_{t-1/B}$和$FIP_{t-1/B}$表示$P_{t-1/B}$期的用户知识创造力与前端创新绩效；$CA_{t/B}$和$FIP_{t/B}$表示$P_{t/B}$期的用户知识创造力与前端创新绩效；$CA_{t+1/B}$和$FIP_{t+1/B}$表示$P_{t+1/B}$期的用户知识创造力与前端创新绩效；$M_{n_0/B}$表示不导入IPM；$M_{n_1/B}$表示前端创新环节创意产生阶段（第一阶段）导入IPM；$M_{n_2/B}$表示前端创新环节创意发展阶段（第二阶段）导入IPM。主要流程：$M_{n_0/B}$是不导入IPM时，用户知识创造力与前端创新绩效有3个阶段的动态变化过程；$M_{n_1/B}$是前端创新环节创意产生阶段（第一阶段）导入IPM时，用户知识创造力与前端创新绩效有3个阶段的动态变化过程；$M_{n_2/B}$是前端创新环节创意发展阶段（第二阶段）导入IPM时，用户知识创造力与前端创新绩效有3个阶段的动态变化过程。在B端创意主题（企业主导发布）下简单路径分析框架如图3.2所示。

①$FIP_{t/B}=f_1$（$CA_{t/B}$，$FIP_{t-1/B}$，$CA_{t-1/B}$）。在B端创意主题（企业主导发布）下，$P_{t/B}$期的前端创新绩效（$FIP_{t/B}$）由3部分决定：一是$P_{t/B}$期的社区用户知识创造力（$CA_{t/B}$）；二是$P_{t-1/B}$期的前端创新绩效（$FIP_{t-1/B}$）；三是$P_{t-1/B}$期的社区用户知识创造力（$CA_{t-1/B}$）。

②$CA_{t+1/B}=f_2$（$FIP_{t/B}$，$M_{n_n/B}$）。在B端创意主题（企业主导发布）下，$P_{t+1/B}$期社区用户知识创造力（$CA_{t+1/B}$）由2部分决定：一是P_t期

的前端创新绩效（$FIP_{t/B}$）；二是 IPM 导入的阶段 $M_{n_n/B}$。

③$FIP_{t+1/B}=f_3$（$CA_{t+1/B}$）。在 B 端创意主题（企业主导发布）下，$P_{t+1/B}$期的前端创新绩效（$FIP_{t+1/B}$）由 $P_{t+1/B}$期的社区用户知识创造力 $CA_{t+1/B}$决定。

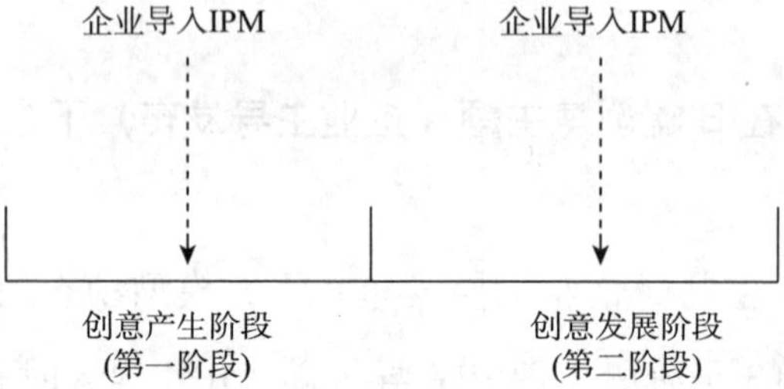

图 3.2　B 端创意主题（企业主导发布）下简单路径分析框架

3.2.1.2　在 C 端创意主题（用户主导发布）下企业导入 IPM 时机模型构建

在 C 端创意主题（用户主导发布）下，模型动态地分为 $P_{t-1/C}$期、$P_{t/C}$期、$P_{t+1/C}$期 3 个阶段，即 IPM 导入前、IPM 导入时和 IPM 导入后。其中，$CA_{t-1/C}$和 $FIP_{t-1/C}$表示 $P_{t-1/C}$期的用户知识创造力与前端创新绩效；$CA_{t/C}$和 $FIP_{t/C}$表示 $P_{t/C}$期的用户知识创造力与前端创新绩效；$CA_{t+1/C}$和 $FIP_{t+1/C}$表示 $P_{t+1/C}$期的用户知识创造力与前端创新绩效；$M_{n_0/C}$表示不导入 IPM；$M_{n_1/C}$表示前端创新环节创意产生阶段（第一阶段）导入 IPM；$M_{n_2/C}$表示前端创新环节创意发展阶段（第二阶段）导入 IPM。主要流程：$M_{n_0/C}$是不导入 IPM 时，用户知识创造力与前端创新绩效有 3 个阶段的动态变化过程；$M_{n_1/C}$是前端创新环节创意产生阶段（第一阶段）导入 IPM 时，用户知识创造力与前端创新绩效有 3 个阶段的动态变化过程；$M_{n_2/C}$是前端创新环节创意发展阶段（第二阶段）导入 IPM 时，用户知识创造力与前端创新绩效有 3 个阶段的动态变化过程。C 端创意主题（用户主导发布）下简单路径分析框架如图 3.3 所示。

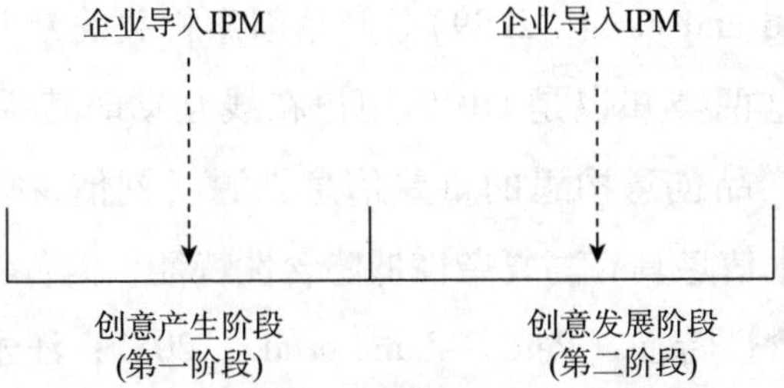

图 3.3　C 端创意主题（用户主导发布）下简单路径分析框架

①$FIP_{t/C}=f_1$（$CA_{t/C}$，$FIP_{t-1/C}$，$CA_{t-1/C}$）。在 C 端创意主题（用户主导发布）下，$P_{t/C}$期的前端创新绩效（$FIP_{t/C}$）由 3 部分决定：一是$P_{t/C}$期的社区用户知识创造力（$CA_{t/C}$）；二是$P_{t-1/C}$期的前端创新绩效（$FIP_{t-1/C}$）；三是$P_{t-1/C}$期的社区用户知识创造力（$CA_{t-1/C}$）。

②$CA_{t+1/C}=f_2$（$FIP_{t/C}$，$M_{n_n/C}$）。在 C 端创意主题（用户主导发布）下，$P_{t+1/C}$期社区用户知识创造力（$CA_{t+1/C}$）由 2 部分决定：一是P_t期的前端创新绩效（$FIP_{t/C}$），二是 IPM 导入的阶段$M_{n_n/C}$。

③$FIP_{t+1/C}=f_3$（$CA_{t+1/C}$）。在 C 端创意主题（用户主导发布）下，$P_{t+1/C}$期的前端创新绩效（$FIP_{t+1/C}$）由$P_{t+1/C}$期的社区用户知识创造力$CA_{t+1/C}$决定。

3.2.2　企业是否应该导入 IPM 研究假设推导

在 OUIC 中，前端创新环节的价值来源于用户的创新行为（Cooper，Edgett and Kleinschmidt，2004）。当用户自愿参与前端创新活动，并积极将相关问题与其他用户交流分享时，OUIC 才能持续发展，新产品知识才有可能形成，进而转化为产品概念，实施新产品开发项目，即社区用户之间的在线互动效应是 OUIC 前端创新环节知识创造的关键驱动力（Zhou and George，2001；刘倩、孙宝文，2018）。特别是，与产品创意相关的专业技术信息，以及消费者经验信息的传播和分享机制的创建，是激发用户创意取得前端创新成功的基础（Lave and Wenger，1991；

Wasko, Teigland and Faraj, 2009)。产品创意相关的专业技术信息与消费者经验信息这两类知识是 OUIC 用户在线互动时传播分享的主要内容，也是用户产品创意构思的重要信息来源（刘倩、孙宝文，2018）。其中，专业技术信息具有高复杂性低隐含性特征，消费者经验信息具有低复杂性高隐含性特征（Pérez - Luño et al.，2011；汪永星等，2012）。进一步，由于 OUIC 中“去情景化”的背景特性会阻碍这两类信息的传播和吸收，特别是降低带有个人洞察异质性的经验信息的互动分享，对前端创新活动会产生严重的负面影响（Shalley，1991）。因此，创建用户参与 OUIC 前端创新环节知识创造活动的在线互动机制，最大限度激发用户参与的积极性，提高社区用户创造力，成为前端创新活动顺利进行的关键。在 OUIC 中，通常以发布产品创意主题的模式，激发用户参与前端创新环节知识创造活动。一般有两种模式：一种是企业主导发布的创意主题，即 B 端创意主题；另一种是用户主导发布的创意主题，即 C 端创意主题。这两种创意主题发布模式都是为用户参与 OUIC 前端创新环节知识创造活动，提供产品创意相关信息与知识传播的渠道。社区用户通过这两种创意主题发布模式进行在线互动，进而帮助其获取丰富、有价值的专业技术知识和异质性、多样化个体经验知识，提高用户知识创造力，加快前端创新进程（Sibai et al.，2015）。

同时，在 OUIC 中，用户创新行为是相对开放和不可控的，用户会产生大量的、多种多样的创意，但由于公司战略目标和可用资源的限制，其中大多数的用户创意可能并不符合企业的目标价值，即并不是所有的用户创意都符合企业的战略目标和长期利益（Heath et al.，2015）。因此，企业需要对前端创新环节的用户创新行为给予一定的干预，以避免或减少用户创新主题的盲目行为，引导用户创造出对目标企业有价值的知识，实现知识资源的有效配置、创新知识质量与商业价值的提升，以促进创新的最终实现（王雎，2009）。进一步，企业必须从产品创意组合的战略视角而非孤立的产品创意项目的视角进行干预。一方面，为了获得潜在可行性创新项目的均衡组合，企业应激发用户开发足够数量和多样化的高质量创意；另一方面，由于企业资源限制，需要严格筛选与优先发展具有高潜在市场价值的产品创意和概念（Heath et al.，2015）。所以，企业需要在用户参与 OUIC 前端创新环节知识创造过程中导入 IPM，对用户创新行为进行合理引导，进而提高用户的知识创造力与前端创新绩效。由此，本研究提出以下假设。

H_5：在 B 端/C 端创意主题下，用户参与 OUIC 前端创新环节知识创造活动中，相对于企业不导入 IPM，不论在前端创新环节的创意产生阶段（第一阶段）还是创意发展阶段（第二阶段）导入 IPM，都有利于提高用户的知识创造力与前端创新绩效，即 $CA_{t+1/B}/M_{n_1} > CA_{t+1/B}/M_{n_0}$，$FIP_{t+1/B}/M_{n_1} > FIP_{t+1/B}/M_{n_0}$；$CA_{t+1/C}/M_{n_2} > CA_{t+1/C}/M_{n_0}$，$FIP_{t+1/C}/M_{n_2} > FIP_{t+1/C}/M_{n_0}$。

3.2.3 企业不同阶段导入 IPM 时研究假设推导

在 B 端创意主题（企业主导发布）与 C 端创意主题（用户主导发布）下，两者发布的创意主题构思信息特征存在差异性。在 B 端创意主题（企业主导发布）下，产品创意构思信息主要涉及产品核心子系统属性，创新的首要目的是突破和改进当前产品的主要设计性能，例如，通过应用新技术或技术升级使产品更好地满足消费者的需求，或者突破现有产品设计限制提出全新的产品设计方案。因此，在 B 端创意主题（企业主导发布）下，产品创意构思信息以高复杂性低隐含性的专业技术信息知识为主（汪涛、何昊、诸凡，2010；Pérez－Luño et al.，2011），这类知识是社区用户相对比较缺乏的。在此类模式下，企业需要在用户参与 OUIC 前端创新环节创意产生阶段（第一阶段）导入 IPM，及时参与用户之间的在线互动，引导用户理解、学习和接受将要引进或升级的专业技术（Heath et al.，2015；刘新梅、赵旭、陈玮奕，2017），进而提高用户创造力，完善产品创意，形成产品概念，取得前端创新成功。相反，在C端创意主题（用户主导发布）下，由用户主导发布的创意主题构思信息大多关于产品周边子系统属性，产品创意构思信息主要是低复杂性高隐含性的、与消费者经验信息相关的知识（Von Hippel，1994；汪涛、何昊、诸凡，2010；Pérez - Luño et al.，2011），这类知识对于社区用户来说，不仅熟悉而且自身经验丰富，创新的主要目的是增加或改善某一产品功能或者部分产品的外观设计，使其满足消费者个性化的消费需求（Jing and George，2001）。在此类模式下，如果企业在用户参与OUIC前端创新环节创意产生阶段（第一阶段）导入IPM会被用户感知侵扰，反而会抑制社区用户参与交流互动的积极性（Ponnamma Divakaran，2017）。如果企业在用户参与OUIC前端创新环节的创意发展阶段（第二阶段）导入IPM，通过与社区用户之间的深度在线交流互动，传递企业战略和预期目标，在技术和资源能力范围内协助用户筛选并整合用户创意，将既符合用户需求又符合企业目标价值的用户创意转化为产品概念，提高前端创新成功的概率（Bourdon，Kimble，and Tessier，2015）。由此，本研究提出以下假设。

H_{6a}：在B端创意主题（企业主导发布）下，企业在用户参与OUIC前端创新环节知识创造活动中，相对于前端创新环节创意发展阶段（第二阶段）导入IPM，创意产生阶段（第一阶段）导入IPM，更有利于提高社区用户知识创造力与前端创新绩效，即 $CA_{t+1/B}/M_{n_1} > CA_{t+1/B}/M_{n_2}$，$FIP_{t+1/B}/M_{n_1} > FIP_{t+1/B}/M_{n_2}$。

H_{6b}：在C端创意主题（用户主导发布）下，企业在用户参与OUIC前端创新环节知识创造活动中，相对于前端创新环节创意产生阶段（第一阶段）导入IPM，创意发展阶段（第二阶段）导入IPM，更有利于提高社区用户知识创造力与前端创新绩效，即 $CA_{t+1/C}/M_{n_2} > CA_{t+1/C}/M_{n_1}$，$FIP_{t+1/C}/M_{n_2} > FIP_{t+1/C}/M_{n_1}$。

为进一步验证，在B/C端创意主题下，企业在用户参与OUIC前端创新环节知识创造过程中，不同阶段导入IPM的最佳时机，本研究通过拟合不同创意主题发布模式与不同前端创新环节下分别导入 IPM 时，社区用户知识创造力与新产品开发前端创新绩效之间的函数曲线，以求证高（低）用户知识创造力形成的内在机制，并揭示前端创新绩效动态纵向变化过程。

3.2.4 企业不同阶段分别导入 IPM 时函数曲线特征

3.2.4.1 B 端创意主题（企业主导发布）下企业导入 IPM 时函数曲线特征

由以上假设推导可知，在 B 端创意主题（企业主导发布）下，企业在用户参与 OUIC 前端创新环节知识创造活动中，相对于前端创新环节创意发展阶段（第二阶段）导入 IPM，前端创新环节创意产生阶段（第一阶段）导入 IPM，更有利于提高社区用户知识创造力与前端创新绩效。那么，不管是前端创新环节创意产生阶段（第一阶段）导入 IPM，还是前端创新环节创意发展阶段（第二阶段）导入 IPM，用户知识创造力与前端创新绩效之间的拟合函数一定是线性关系吗？Huang 等（2014）实证验证，随着时间的推移，OUIC 中提出低价值创意的用户会逐渐被淘汰，提出高价值创意的用户会继续保持活跃状态。虽然用户创意总量会降低，但是用户创意的平均质量会提高。由此本研究推理出，随着用户创意经验的积累，社区用户知识创造力会在某一时间点得到快速提升，前端创新绩效也会发生变化。

具体来分析，在 B 端创意主题（企业主导发布）下，企业在用户参与 OUIC 前端创新环节知识创造活动中，前端创新环节创意产生阶段（第一阶段）导入 IPM，通过企业对社区用户创新行为的引导，辅助社区用户了解企业战略意图，学习掌握与企业相关的比较复杂的专业技术知识，积累与用户创意相关的知识，激发用户创新意识（Heath et al.，2015；Amabile et al.，1996）。随着时间的推移，用户知识创造力能够得到质的提高，通过筛选和完善用户创意，加快用户创意转化为有价值的产品概念。即在某一时刻点用户知识创造力和前端创新绩效的变化速率会发生改变，呈现非线性函数关系，且用户知识创造力与前端创新绩效的变化速率一致。若企业在用户参与 OUIC 前端创新环节知识创造活动中，前端创新环节创意产生阶段（第一阶段）不导入 IPM，由于社区用户相对缺乏相关的专业技术知识信息，社区用户的创新意识以及创新的积极性会受到专业知识的限制，并且随着时间的推移，用户在前端创新环节创意发展阶段（第二阶段），会因为不了解企业的战略意图以及相关的技术资源能力偏离企业目标，降低用户创意转化率，对用户知识创造力以及前端创新绩效产生一定程度的负面影响。即用户知识创造力和前端创新绩效的变化速率会发生改变，呈现非线性的关系。因此，本研究提出以下假设。

H_{7a}：在 B 端创意主题（企业主导发布）下，企业在用户参与 OUIC 前端创新环节知识创造活动中，前端创新环节创意产生阶段（第一阶段）导入 IPM，随着用户知识创造力的提高，其前端创新绩效也在提高，用户知识创造力与前端创新绩效之间的函数曲线是非线性的，且边际效用递增。

H_{7b}：在 B 端创意主题（企业主导发布）下，企业在用户参与 OUIC 前端创新环节知识创造活动中，前端创新环节创意发展阶段（第二阶段）导入 IPM，随着用户知识创造力的提高，其前端创新绩效也在提高，用户知识创造力与前端创新绩效之间的函数曲线是非线性的，但边际效用递减。

3.2.4.2 C 端创意主题（用户主导发布）下企业导入 IPM 时函数曲线特征

同理，在 C 端创意主题（用户主导发布）下，由于用户主导发布的创意主题构思信息大多涉及低复杂性高隐含性的消费者经验信息，需要充分调动用户参与的积极性，通过基于个体实践感悟到的异质性信息，来唤醒其他用户的产品使用经验以及用户之间的情感。因此，在 C

端创意主题（用户主导发布）下，企业最好不要过早地干预用户之间的在线交流互动，要给予用户高度的自由和独立的创意构思执行活动（Hau and Kang，2016；Sundbo，1996）。在前端创新环节的创意产生阶段（第一阶段），通过用户与其他用户在线交互碰撞，发现问题、解决问题，激发用户创意，提高知识创造能力。企业可在前端创新环节创意发展阶段（第二阶段）导入IPM，参与到社区用户间的创新活动中。根据企业的战略意图和技术资源能力与用户深入交流互动，将用户创意同企业的内部资源相融合，筛选和完善产品创意（Heath et al.，2015）。随着时间的推移，用户知识创造力会在某一时间点得到质的提升，前端创新绩效也会随之改善。即用户创造力和前端创新绩效的变化速率会发生改变，呈现非线性函数关系，且用户知识创造力和前端创新绩效的变化速率一致。若企业在前端创新环节创意产生阶段（第一阶段）导入IPM，极大可能会被社区用户感知侵扰，反而会降低社区用户之间交流互动的积极性，随着时间的推移，会对用户知识创造力与前端创新绩效产生一定程度的负面影响。即用户知识创造力和前端创新绩效的变化速率会发生改变，呈现非线性函数关系。由此，本研究提出以下假设。

H_{8a}：在C端创意主题（用户主导发布）下，企业在用户参与OUIC前端创新活动中，前端创新环节创意产生阶段（第一阶段）导入IPM，随着用户知识创造力的提高，其前端创新绩效也在提高，用户知识创造力与前端创新绩效之间的函数曲线是非线性的，但边际效用递减。

H_{8b}：在C端创意主题（用户主导发布）下，企业在用户参与OUIC前端创新活动中，前端创新环节创意发展阶段（第二阶段）导入IPM，随着用户知识创造力的提高，其前端创新绩效也在提高，用户知识创造力与前端创新绩效之间的函数曲线是非线性的，且边际效用递增。

3.3　本章小结

本章针对用户参与OUIC前端创新环节知识创造过程中的4个研究

议题构建本研究的理论框架，其中前4组假设清晰地梳理出用户参与OUIC前端创新环节知识创造过程的路径机制，以及用户与用户以及用户与企业在知识创造活动中的相互作用机制；后4组假设是针对企业实施干预管理时机的研究。由此，共8组假设构建出本研究的逻辑思路，对用户参与OUIC企业产品创新活动进行严谨且深入的理论推导与分析。研究假设汇总如表3.1所示。

表3.1 研究假设汇总

组别	假设表述
组1	H_{1a}：在B端创意主题（企业主导发布）下，社区用户倾向于选择应用式学习。 H_{1b}：在C端创意主题（用户主导发布）下，社区用户倾向于选择探索式学习
组2	H_{2a}：用户选择应用式学习，有利于提高用户知识创造力。 H_{2b}：用户选择探索式学习，有利于提高用户知识创造力
组3	H_3：用户知识创造力能够提高前端创新绩效
组4	H_4：企业实施IPM对用户知识创造力与前端创新绩效之间的关系起正向调节作用。 H_{4a}：创意战略正向调节用户知识创造力与前端创新绩效之间的关系。 H_{4b}：过程形式化正向调节用户知识创造力与前端创新绩效之间的关系。 H_{4c}：创意激励正向调节用户知识创造力与前端创新绩效之间的关系
组5	H_5：在B端/C端创意主题下，用户参与OUIC前端创新环节知识创造活动中，相对于企业不导入IPM，不论在前端创新环节的创意产生阶段（第一阶段）还是创意发展阶段（第二阶段）导入IPM，都有利于提高用户的知识创造力与前端创新绩效，即 $CA_{t+1/B}/M_{n_1} > CA_{t+1/B}/M_{n_0}$，$FIP_{t+1/B}/M_{n_1} > FIP_{t+1/B}/M_{n_0}$；$CA_{t+1/C}/M_{n_2} > CA_{t+1/C}/M_{n_0}$，$FIP_{t+1/C}/M_{n_2} > FIP_{t+1/C}/M_{n_0}$

续表

组别	假设表述
组 6	H_{6a}：在 B 端创意主题（企业主导发布）下，企业在用户参与 OUIC 前端创新环节知识创造活动中，相对于前端创新环节创意发展阶段（第二阶段）导入 IPM，创意产生阶段（第一阶段）导入 IPM，更有利于提高社区用户知识创造力与前端创新绩效，即 $CA_{t+1/B}/M_{n1} > CA_{t+1/B}/M_{n2}$，$FIP_{t+1/B}/M_{n1} > FIP_{t+1/B}/M_{n2}$。 H_{6b}：在 C 端创意主题（用户主导发布）下，企业在用户参与 OUIC 前端创新环节知识创造活动中，相对于前端创新环节创意产生阶段（第一阶段）导入 IPM，创意发展阶段（第二阶段）导入 IPM，更有利于提高社区用户知识创造力与前端创新绩效，即 $CA_{t+1/C}/M_{n2} > CA_{t+1/C}/M_{n1}$，$FIP_{t+1/C}/M_{n2} > FIP_{t+1/C}/M_{n1}$
组 7	H_{7a}：在 B 端创意主题（企业主导发布）下，企业在用户参与 OUIC 前端创新环节知识创造活动中，前端创新环节创意产生阶段（第一阶段）导入 IPM，随着用户知识创造力的提高，其前端创新绩效也在提高，用户知识创造力与前端创新绩效之间的函数曲线是非线性的，且边际效用递增。 H_{7b}：在 B 端创意主题（企业主导发布）下，企业在用户参与 OUIC 前端创新环节知识创造活动中，前端创新环节创意发展阶段（第二阶段）导入 IPM，随着用户知识创造力的提高，其前端创新绩效也在提高，用户知识创造力与前端创新绩效之间的函数曲线是非线性的，但边际效用递减
组 8	H_{8a}：在 C 端创意主题（用户主导发布）下，企业在用户参与 OUIC 前端创新活动中，前端创新环节创意产生阶段（第一阶段）导入 IPM，随着用户知识创造力的提高，其前端创新绩效也在提高，用户知识创造力与前端创新绩效之间的函数曲线是非线性的，但边际效用递减。 H_{8b}：在 C 端创意主题（用户主导发布）下，企业在用户参与 OUIC 前端创新活动中，前端创新环节创意发展阶段（第二阶段）导入 IPM，随着用户知识创造力的提高，其前端创新绩效也在提高，用户知识创造力与前端创新绩效之间的函数曲线是非线性的，且边际效用递增

4 研究方法

4.1 研究背景案例描述

海尔集团创建的开放式创新平台、智能定制平台，是行业首个用户社群交互定制体验平台，它开创了模块定制、众创定制、专属定制等不同的定制模块，与用户零距离接触，满足用户多种个性化需求。海尔智能定制平台在整合各种外部优势资源的基础上，构建以用户为中心、平台化服务、社会化参与、开放共享的创新网络，形成创新资源合理配置、市场需求快速化响应、运行高效化的跨领域、网络化开放式价值共创的在线用户创新社区平台，成为企业转型升级主导创新商业模式成功的典型案例。海尔智能定制平台依据互联网时代的重要考量标准，打破了传统市场、研发、消费群之间互不干涉的壁垒，建立消费者、工厂和设计师对话的全新模式，用户不再是被动接受者，而是以用户需求作为产品升级的引擎，注重用户体验，打造开放式社群生态平台。用户可以在海尔智能定制平台上提出自己的需求和创意，与平台优秀设计师一同参与到产品设计、定制整个过程中，并且有海尔丰富的模块商资源以及强大的研发资源共同加入，将用户创意变现成真实有温度的产品，让每一位消费者都能成为创造者。

海尔智能定制平台上有不同的板块，其中热门创意板块是由平台用户主导发布的创意主题，通过与平台其他用户、平台管理者以及平台设计师交流互动，共同参与产品创意、概念、设计、定制的过程，将有价值的平台用户创意转变成有温度的产品；设计中心模块是由平台设计师主导发布的创意主题，同样感兴趣的用户可以自由提问和回复，与平台其他用户、平台管理者以及平台设计师交流互动，一起探讨完善产品创意，有价值的产品创意会进入定制流程。

4.2 案例背景的选定依据

根据本研究议题在现象上的典型性与内容上的复杂性，本书选择海尔集团创建并运营的海尔智能定制平台作为在线用户创新社区的案例研究，具体的选择标准为：①作为企业转型升级的主导创新商业模式典型案例，海尔智能定制平台所处行业竞争激烈，环境复杂多变；②该平台行业性质具有典型的代表性；③该平台运营时间较长，能体现其发展的动态性。通过比较该平台的两种创意主题模式，既探究了不同创意主题发布模式下，用户参与新产品开发前端创新环节作用机制的差异性产生的具体原因及运作机制，又从整体上把握了平台管理发展的演进过程，并在一定程度上保证了研究的深度，使研究结论更客观、更科学、更合理。

4.3 情景实验材料取样

鉴于本研究涉及的研究变量偏多且因果关系复杂，故选择海尔智能定制平台上热门创意和设计中心两个模块发布的创意主题材料，作为本研究情景实验法的研究材料。在现有心理学与营销学领域的相关文献中，情景实验法在实证研究中的运用是被学术界普遍认可的，该实证方法的关键点在于可以使研究中复杂变量变得更加容易控制，并且具有很高的外部有效性。其优点在于通过随机分配被试人员和合理设计实验操控的情景材料，控制不必要的干扰因素，提高实验的内部效度（汪涛、望海军，2008）。

依据案例分析以及研究议题，本研究将设计中心板块上发布的创意主题定义为B端创意主题情景，由社区平台设计师主导发布创意主题；将热门创意板块上发布的创意主题定义为C端创意主题情景，由社区平台用户主导发布创意主题。截至2018年6月，设计中心模块共发布615个创意主题，热门创意板块共发布3692个创意主题。本研究的情景实验材料将从这两个平台板块中选取。

4.4 情景实验材料筛选

4.4.1 情景实验材料的筛选小组成员选择标准

①在本研究选择的案例企业中任职年限较长或参与案例企业OUIC的经验丰富，能够为本研究提供一种时序的视角；②所选人员有参与产品创新经验或对产品知识、市场信息比较了解，能够提供多样化、异质性的一手知识；③人员职能层级的多样性，为实验材料的筛选提供不同的研究视角。

4.4.2 情景实验材料筛选小组成员背景简介

最终本研究选择智能定制平台管理者2人，智能定制平台设计师3人，智能定制平台用户4人，海尔家电部中高层管理者2人，海尔家电市场销售人员3人，海尔家电售后人员3人，共17人。情景实验材料筛选小组成员描述性统计信息如表4.1所示。

表4.1 情景实验材料筛选小组成员描述性统计信息

成员姓名	成员身份	工作或参与年限（年）	成员背景简单描述
周××	平台设计中心管理者	4	日常板块管理，回复解答社区成员问题
李××	平台热门创意管理者	3	日常板块管理，回复解答社区成员问题

续表

成员姓名	成员身份	工作或参与年限（年）	成员背景简单描述
张××	平台设计师	4	以参与洗衣机类产品设计为主，被选为小组成员时有7个独立设计产品
陈××	平台设计师	3	以参与空调、冰箱等产品设计为主，被选为小组成员时有6个独立设计产品
刘××	平台设计师	3	以参与微波炉、热水器等产品设计为主，被选为小组成员时有8个独立设计产品
高××	平台用户	4	被选为小组成员时独立发布过4个产品创意
郑××	平台用户	3	被选为小组成员时独立发布过6个产品创意
王××	平台用户	3	被选为小组成员时独立发布过5个产品创意
魏××	平台用户	4	被选为小组成员时独立发布过6个产品创意
苏××	项目经理	6	主持家用电器类产品研发项目6个
孟××	项目经理	6	主持家用电器类产品研发项目8个
刘××	专卖店负责人	5	拥有丰富的家电类产品销售经验，工作地点位于省级市
张××	专卖店负责人	6	拥有丰富的家电类产品销售经验，工作地点位于地级市
冯××	专卖店负责人	5	拥有丰富的家电类产品销售经验，工作地点位于县级市
陈××	家电售后维修	5	拥有丰富的家电类产品维修经验，工作地点位于省级市
李××	家电售后维修	4	拥有丰富的家电类产品维修经验，工作地点位于地级市
苏××	家电售后维修	5	拥有丰富的家电类产品维修经验，工作地点位于县级市

4.4.3 情景实验材料筛选过程

首先，由实验材料筛选小组成员每人从热门创意板块和设计中心板块这两个板块中各选取 10 个自认为有代表性的创意主题，其中社区平台设计师主导发布的创意主题 170 个，社区平台用户主导发布的创意主题 170 个；其次，实验材料筛选小组成员从选出的创意主题中再次选择，筛选重合的创意主题，经过充分的讨论，选出有代表性的由平台设计师主导发布的创意主题 5 个，编码为 b1 ~ b5；5 条用户主导发布的创意主题，编码为 c1 ~ c5；最后，随机组合搭配成 5 组情景实验材料，其中创意主题 b1 和 c3 被定义为情景实验材料组 1，创意主题 b2 和 c2 被定义为情景实验材料组 2，创意主题 b3 和 c4 被定义为情景实验材料组 3，创意主题 b4 和 c1 被定义为情景实验材料组 4，创意主题 b5 和 c5 被定义为情景实验材料组 5。

4.5 情景实验材料创意主题构思信息特征验证

从验证选取的实验材料中发布的创意主题构思信息特征的差异性，通过 QQ 星问卷收集 150 份调查问卷进行验证，剔除无效问卷，获取有效问卷 128 份，其中实验材料组 1 有 24 份，实验材料组 2 有 26 份，实验材料组 3 有 25 份，实验材料组 4 有 27 份，实验材料组 5 有 26 份。采用 SPSS 22.0 方差分析对各组实验材料进行检验，由表 4.2 可知实验材料组 1，b1 和 c3 创意主题信息复杂性程度（$F = 124.342$，$p < 0.001$）差异性显著，隐含性程度（$F = 146.846$，$p < 0.001$）差异性显著；实验材料组 2，b2 和 c2 创意主题信息复杂性程度（$F = 0.783$，$p > 0.05$）差异性不显著，隐含性程度（$F = 181.391$，$p < 0.001$）差异性不显著，因此剔除实验材料组 2；实验材料组 3，b3 和 c4 创意主题信息复杂性程度（$F = 65.400$，$p < 0.001$）差异性显著，隐含性程度（$F = 102.059$，

$p<0.001$）差异性显著；实验材料组 4，b4 和 c1 创意主题信息复杂性程度（$F=69.485$，$p<0.001$）差异性显著，隐含性程度（$F=195.836$，$p<0.001$）差异性显著；实验材料组 5，b5 和 c5 创意主题信息复杂性程度（$F=120.501$，$p<0.001$）差异性显著，隐含性程度（$F=122.603$，$p<0.001$）差异性显著。实验材料组 1、实验材料组 3、实验材料组 4、实验材料组 5 可作为本研究情景模拟实验备选情景材料。

表 4.2 情景实验材料创意主题构思信息特征分析

控制变量		组别		ANOVA 检验值		样本量
		b	c	*F*	*p*	*n*
组 1（b1，c3）	复杂性（均值）	4.854	2.492	124.342	0.000	24
	隐含性（均值）	2.278	5.236	146.846	0.000	
组 2（b2，c2）	复杂性（均值）	3.700	3.388	0.783	0.380	26
	隐含性（均值）	2.210	5.302	181.391	0.000	
组 3（b3，c4）	复杂性（均值）	4.412	2.516	65.400	0.000	25
	隐含性（均值）	2.597	5.051	102.059	0.000	
组 4（b4，c1）	复杂性（均值）	4.537	2.566	69.485	0.000	27
	隐含性（均值）	2.703	5.172	195.836	0.000	
组 5（b5，c5）	复杂性（均值）	4.977	2.550	120.501	0.000	26
	隐含性（均值）	2.487	5.130	122.603	0.000	

4.6 情景实验研究变量测量表题项的开发与设计

本研究涉及的研究变量的测量，借鉴现有国外权威文献中相关研究中的成熟量表整理得来。首先，将本研究中涉及的研究变量测量量表题项翻译成中文，采用倒译的方法，将翻译成的中文题项再译成英文；其次，依据专家甄别方法，邀请英语和营销有关专家比较两种文字版本的含义，融合专家的修改建议确定研究变量测量量表题项的准确含义，并根据小组访谈的实际情况融入国内情景；最后，对研究变量相关测量题项进行修正，形成最终的测量题项。对本研究中涉及的研究变量以及控制变量的测量题项展开如下说明。

4.6.1 知识复杂性与隐含性的测量

本研究中不同创意主题发布模式——B 端创意主题（企业主导发布）和 C 端创意主题（用户主导发布）创意构思信息特征的差异性，是用知识复杂性与知识隐含性的测量题项进行测量。知识的复杂性与知识的隐含性是知识管理领域学术研究中较常出现的研究变量，但是由于知识演变与知识产出的复杂性和多样性，根据研究对象以及研究目的的不同，国内外学者会采用不同的测量指标对知识的复杂性与隐含性进行度量。

通过对相关文献的回顾与分析，对创意主题构思信息中知识的复杂性测量主要基于 3 个方面考虑：①新产品创意涉及的产品专业技术方面；②新产品创意涉及的产品工作原理方面；③新产品创意用正式、系统语言表述的程度。本研究采用 4 个题项对知识复杂性进行测量：①若要理解此创意主题，需要事先学习了解与此创意主题相关的产品技术知识或其他产品知识；②若要清晰地描述此创意主题，需要大量与此相关的产品知识；③与此创意主题相关的知识在专业技术上是复杂的，很难实现；④与此创意主题构思相关的产品知识是复杂的（相对于简单的）。

对创意主题构思信息中知识的隐含性测量主要基于3个方面考虑：①新产品创意涉及的产品使用经验、诀窍；②新产品创意涉及的存在于消费者头脑中的心智与思维模式；③新产品创意用正式、系统的语言表述的程度。本研究采用5个题项对知识的隐含性进行测量：①与此创意主题构思相关的产品知识可以很容易地完全描述出来；②可以很容易地理解与此创意主题构思相关的产品知识；③通过简单的在线互动就可以很容易地对此创意主题构思相关的产品知识进行精确的交流；④与此创意主题构思相关的产品知识对于同行业的竞争对手来说是显而易见的；⑤对于没有海外背景的社区用户来说，此创意主题构思相关的知识也是很容易辨识的。知识的复杂性与隐含性研究变量测量题项如表4.3所示。

表4.3 知识的复杂性与隐含性研究变量测量题项

研究变量	测量题项	来源或依据
知识复杂性	（1）若要理解此创意主题，需要事先学习了解与此创意主题相关的产品技术知识或其他产品知识	Gopalakrishnan，Bierly and Kessler，1999；Subramaniam and Venkatraman，2001；Pérez－Luño et al.，2011
	（2）若要清晰地描述此创意主题，需要大量与此相关的产品知识	
	（3）与此创意主题相关的知识在专业技术上是复杂的，很难实现	
	（4）与此创意主题构思相关的产品知识是复杂的（相对于简单的）	
知识隐含性	（1）与此创意主题构思相关的产品知识可以很容易地完全描述出来	Subramaniam and Venkatraman，2001；Pérez－Luño et al.，2011
	（2）可以很容易地理解与此创意主题构思相关的产品知识	
	（3）通过简单的在线互动就可以很容易地对此创意主题构思相关的产品知识进行精确的交流	
	（4）与此创意主题构思相关的产品知识对于同行业的竞争对手来说是显而易见的	
	（5）对于没有海外背景的社区用户来说，此创意主题构思相关的产品知识也是很容易辨识的	

4.6.2 应用式学习与探索式学习的测量

通过对现有文献的梳理归纳发现，近年来随着组织学习研究的逐步深入，国内外学者从不同的视角对组织学习方式进行划分，但对于组织学习方式的分类和纬度的确定还未达成共识。本研究采用国外学者 March（1991）在研究组织适应过程中，基于探索新的可能性和利用旧的确定性的逻辑划分的组织学习方式——应用式学习和探索式学习。其中，应用式学习是指与学习主体现有知识基础深化有关的活动，可以用“提炼、筛选、生产、效率、选择、实施、执行”等术语来描述学习行为。探索式学习是指与学习主体知识基础的拓展或更新有关的活动，可以用“探索、变化、承担风险、实验、尝试、应变、发现、创新”等术语来描述学习行为（王端旭、薛会娟，2013）。

其中，应用式学习研究变量的测量采用 5 个题项：①在线互动分享的学习目的是寻找可行的方法或想法，来改进和解决产品创意构思阶段遇到的问题；②在线互动分享的学习目的是通过讨论减少那些导致项目或市场错误的创意，来确保有价值的创意得到顺利实施；③在线互动分享的学习目的是为产品创意开发搜寻一般的和常见的、已经被证明正确的方法与解决方案；④在线互动分享的学习目的是通过分享一些信息，如搜寻关于现有客户和竞争对手方面的信息，来帮助社区用户理解和更新企业当前的产品使用经验；⑤社区用户在线互动分享的学习过程强调使用与此创意主题相关的原有知识。探索式学习研究变量的测量采用 5 个题项：①在线互动分享的学习过程聚焦于获取与此创意主题构思知识相关的策略，这些策略可能会存在较高的实验与市场风险；②在线互动分享的学习过程中更愿意收集没有明确市场战略需求的信息，以确保产品创意项目的顺利进行；③在线互动分享的学习目的是获取与产品创意开发相关的知识，引导社区用户进入新的学习领域，如新的市场或技术领域；④在线互动分享的学习内容超出现有市场或技术经验的新信息和想法；⑤在线互动分享的学习目的是驱使社区用户在产品创意开发项目中学习新的东西。应用式学习与探索式学习研究变量测量题项如表4.4所示。

表4.4 应用式学习与探索式学习研究变量测量题项

<table>
<tr><th>研究变量</th><th>测量题项</th><th>来源或依据</th></tr>
<tr><td rowspan="5">应用式学习</td><td>(1) 在线互动分享的学习目的是寻找可行的方法或想法，来改进和解决产品创意构思阶段遇到的问题</td><td rowspan="10">March，1991；Atuahene - Gima and Murray，2007；彭新敏、吴晓波、吴东，2011</td></tr>
<tr><td>(2) 在线互动分享的学习目的是通过讨论减少那些导致项目或市场错误的创意，来确保有价值的创意得到顺利实施</td></tr>
<tr><td>(3) 在线互动分享的学习目的是为产品创意开发搜寻一般的和常见的、已经被证明正确的方法与解决方案</td></tr>
<tr><td>(4) 在线互动分享的学习目的是通过分享一些信息，如搜寻关于现有客户和竞争对手方面的信息，来帮助社区用户理解和更新企业当前的产品使用经验</td></tr>
<tr><td>(5) 社区用户在线互动分享的学习过程强调使用与此创意主题相关的原有知识</td></tr>
<tr><td rowspan="5">探索式学习</td><td>(1) 在线互动分享的学习过程聚焦于获取与此创意主题构思知识相关的策略，这些策略可能会存在较高的实验与市场风险</td></tr>
<tr><td>(2) 在线互动分享的学习过程中更愿意收集没有明确市场战略需求的信息，以确保产品创意项目的顺利进行</td></tr>
<tr><td>(3) 在线互动分享的学习目的是获取与产品创意开发相关的知识，引导社区用户进入新的学习领域，如新的市场或技术领域</td></tr>
<tr><td>(4) 在线互动分享的学习内容超出现有市场或技术经验的新信息和想法</td></tr>
<tr><td>(5) 在线互动分享的学习目的是驱使社区用户在产品创意开发项目中学习新的东西</td></tr>
</table>

4.6.3 用户知识创造力的测量

社区用户知识创造力是完善和深化用户创意、形成产品概念的关键驱动力。通过对现有文献的梳理归纳发现，关于知识创造力的测量，学者从不同视角对知识创造力测量的界定有所不同。本研究拟从产出结果的视角对创造力的概念进行界定，并基于这个视角采用4个题项对知识创造力进行测量：①尝试发布与此创意主题构思相关的新想法或方法；②寻找解决与此创意主题构思相关问题的新想法或途径；③产生与此创意主题构思相关领域的突破性的想法；④在社区的互动创新小组中，我觉得我是一个很有创意的人。知识创造力研究变量测量题项如表4.5所示。

表4.5 知识创造力研究变量测量题项

研究变量	测量题项	来源或依据
知识创造力	（1）尝试发布与此创意主题构思相关的新想法或方法	Farmer，Tierney and Kung – Mcintyre，2003；秦伟平等，2016
	（2）寻找解决与此创意主题构思相关问题的新想法或途径	
	（3）产生与此创意主题构思相关领域的突破性的想法	
	（4）在社区的互动创新小组中，我觉得我是一个很有创意的人	

4.6.4 前端创新绩效的测量

由于新产品开发前端创新环节是新产品开发项目实施前的阶段，所以无法用那些衡量整个新产品开发项目的明确的可测量目标进行评估，其相关的规范、性能和进度目标还有待确定，需要针对该阶段建立绩效衡量指标（Danneels，2002；Artto et al.，2008；Poskela and Martinsuo，2009；Kock，Heising and Gemunden，2015）。国内外学者从不同角度对前端创新绩效进行了研究，提出了相对应的衡量指标。通过对现有文献的梳理归纳，关于前端创新绩效的测量，本研究拟采用国外学者 Kock 等（2015）对前端创新绩效的测量维度，包括前端创新效用、前端创新速度以及前端创新成本。其中，前端创新效用有 5 个测量题项：①我们产生了很多与此创意主题构思相关的想法；②我们对这个创意主题开发项目产生了足够多“好”的或“正确”的想法；③我们目前的创意主题组合将提高企业未来的市场竞争地位；④根据我们的创意组合进行的新产品开发项目，未来三年将极大地提高新产品销售额；⑤当前我们的创意组合有很强的潜在市场价值。前端创新速度有 3 个测量题项：①我们的创意主题项目很快就会转变为产品概念；②将创意主题项目转化为产品概念的相关资源是快速可用的；③通过的产品概念很快会进入新产品开发规划阶段。前端创新成本有 3 个测量题项：①在此产品创意阶段，预算能够得到有效的使用和分配；②在此产品创意阶段，人力资源能得到有效的使用和分配；③总的来说，在此产品创意阶段有一个很好的成本收益率。前端创新绩效研究变量的测量题项如表 4.6 所示。

表 4.6 前端创新绩效研究变量的测量题项

研究变量	维度	测量题项	来源或依据
前端创新绩效	前端创新效用	(1) 我们产生了很多与此创意主题构思相关的想法	Ernst and Kohn，2007；Verworn，Herstatt and Nagahira，2008；Kock，Heising and Gemunden，2015
		(2) 我们对这个创意主题开发项目产生了足够多“好”的或“正确”的想法	
		(3) 我们目前的创意主题组合将提高企业未来的市场竞争地位	
		(4) 根据我们的创意组合进行的新产品开发项目，未来三年将极大地提高新产品销售额	
		(5) 当前我们的创意组合有很强的潜在市场价值	

续表

研究变量	维度	测量题项	来源或依据
前端创新绩效	前端创新速度	(1) 我们的创意主题项目很快就会转变为产品概念	
		(2) 将创意主题项目转化为产品概念的相关资源是快速可用的	
		(3) 通过的产品概念很快会进入新产品开发规划阶段	
	前端创新成本	(1) 在此产品创意阶段，预算能够得到有效的使用和分配	
		(2) 在此产品创意阶段，人力资源能得到有效的使用和分配	
		(3) 总的来说，在此产品创意阶段有一个很好的成本收益率	

4.6.5 IPM 的测量

OUIC 是企业利用外部资源开展前端创新的一个重要战略基地，一方面，为了获得潜在可行性创新项目的均衡组合，企业应激发用户开发足够数量和多样化的高质量创意；另一方面，由于企业资源限制，需要严格筛选与优先发展具有高潜在市场价值的产品创意和概念。因此，企业需要从创意组合的战略视角，而非孤立的创意项目视角对前端创新活动进行管理。本研究拟采用 Kock 等（2015）的研究导入 IPM，作为企业对社区用户参与前端创新环节的管理措施，包括创意战略、过程形式化以及创意激励 3 个维度。其中，创意战略有 3 个测量题项：①企业的战略目标与我们的产品创意主题构思目标是一致的；②企业的战略规划过程可以为我们的产品创意主题构思设置创新条件；③我们的产品创意主题构思阶段目标并没有在当前企业的战略目标规划中。过程形式化有 7 个测量题项：①对所有参与者（创意的产生者、创意的评估人以及管理人）都有明确正式的责任要求；②产品创意相关的各个流程都有操作标准；③有协调参与者活动流程的操作标准（规则、准则、标准模式等）；④会用一个预先定义好的程序来评估产品创意；⑤会用一个预先定义好的全面评估标准来评估产品创意；⑥用的是我们可以理解的评估工具（如评分模型或检查列表）来评估产品创意；⑦决策过程对所有的参与者都是透明的。创意激励有6个测量题项：①社区管理者会开展如创造力培训班之类的，来发展和培养我们的创造能力；②社区管理者鼓励我们学习相关专业技术知识（例如，特殊培训、与专家交流）；③社区管理者鼓励我们自己对项目进行创新；④社区管理者会给予我们足够的责任、资源和独立工作的自由；⑤贡献自己创意时会收到社区管理者建设性反馈，不管这个创意是否被审核通过；⑥我们很快会收到相关计划或创意的反馈。用户创意组合管理研究变量的测量题项如表4.7所示。

表4.7 用户创意组合管理研究变量的测量题项

研究变量	维度	测量题项	来源或依据
创意组合管理	创意战略	(1) 企业的战略目标与我们的产品创意主题构思目标是一致的	Salomo, Weise and Gemünden, 2007; Kock, Heising and Gemunden, 2015
		(2) 企业的战略规划过程可以为我们的产品创意主题构思设置创新条件	
		(3) 我们的产品创意主题构思阶段目标并没有在当前企业的战略目标规划中	
	过程形式化	(1) 对所有参与者（创意的产生者、创意的评估人以及管理人）都有明确正式的责任要求	Martinsuo and Poskela, 2011; Kock, Heising and Gemunden, 2015
		(2) 产品创意相关的各个流程都有操作标准	
		(3) 有协调参与者活动流程的操作标准（规则、准则、标准模式等）	
		(4) 会用一个预先定义好的程序来评估产品创意	
		(5) 会用一个预先定义好的全面评估标准来评估产品创意	
		(6) 用的是我们可以理解的评估工具（如评分模型或检查列表）来评估产品创意	
		(7) 决策过程对所有的参与者都是透明的	

续表

研究变量	维度	测量题项	来源或依据
创意组合管理	创意激励	（1）社区管理者会开展如创造力培训班之类的，来发展和培养我们的创造能力	Amabile et al.，1996；Kock，Heising，and Gemunden，2015
		（2）社区管理者鼓励我们学习相关专业技术知识（例如，特殊培训、与专家交流）	
		（3）社区管理者鼓励我们自己对项目进行创新	
		（4）社区管理者会给予我们足够的责任、资源和独立工作的自由	
		（5）贡献自己创意时会收到社区管理者建设性反馈，不管这个创意是否被审核通过	
		（6）我们很快会收到相关计划或创意的反馈	

4.7 情景问卷内容设计

本研究情景实验中所采用问卷设计的基本依据是研究的内容，情景问卷的构成安排应该尽可能地做到所调查内容完整、信息准确以及逻辑结构严谨。情景问卷设计内容主要包括以下 3 个部分。①情景问卷的标题和引语。这一部分主要是对实验被试人员身份、目的以及情景问卷的用途、保密性和匿名条款等安全性问题方面保证的陈述。②实验被试人员个人信息。这一部分主要是对实验被试人员的个人信息的相关调查，以确保问卷获取信息的真实可靠，包括性别、年龄、职业、受教育程度以及其他与实验相关的信息。③情景问卷的主体。问卷中研究变量的测量题项共 50 个，包括知识复杂性与知识隐含性、应用式学习与探索式学习、知识创造力、前端创新绩效以及用户创意组合管理 5 个部分。其中，知识复杂性与知识隐含性设置了 9 个测量题项，应用式学习与探索式学习设置了 10 个测量题项，知识创造力设置了 4 个测量题项，前端创新绩效设置了 11 个测量题项，用户创意组合管理设置了 16 个测量题项。所有测量题项均采用 Liker 量表法进行测量，设置的题项由针对某种事实所持态度、观点的陈述构成。情景问卷中所有题项测量均采用7点计分法，1表示非常不同意，2表示不同意，3表示有些不同意，4表示中立，5表示有些同意，6表示同意，7表示非常同意。

4.8 情景实验问卷信度与效度检验

首先对本研究收集的样本数据中的研究变量测量题项进行信度和效度的检验分析。信度检验分析是对情景问卷中的研究变量测量量表的稳定性与一致性进行检验。为确保研究结论的科学性与有效性，在实证研究中采用的量表都是权威性的量表，并对其进行进一步的信度检验。本研究情景问卷中的测量题项均采用李克特7点计分法，而对于量表题项内部一致性的检验，现有的实证研究大多采用的是Cronbach's α系数指标，当α>0.7时，该测量题项则被认为具有较高的信度，是可以被接受的；效度检验分析主要是对测量题项的内容效度（Content Valibity）分析以及构念效度（Construct Valibity）分析，反映的是所要衡量的研究变量测量题项的真实程度或准确程度。其中，内容效度是基于定性研究方法对测量题项内容与研究变量之间的契合程度进行的判断。本研究中，情景问卷测量题项的设置主要参考现有国内外成熟量表或经典文献，并咨询了企业管理、营销领域学者以及企业管理者的建议，经过多次的校对来确保本研究情景问卷设计中的问卷测量题项有较高的内容效度。构念效度是基于因子分析（Factor Analysis）方法验证问卷测量题项能否准确衡量研究变量。构念效度是实证研究中的重要指标之一，也是本研究进行实证分析要验证的关键指标。本研究将采用探索性因子分析（Exploratory Factor Analysis，EFA）的验证方法对研究变量题项的构念效度进行检验。其中，建构信度（Construct Reliability，CR），反映了每个潜变量中所有题目是否一致性地解释该潜变量，当该值大于0.70时，表示该潜变量具有较好的CR。平均提取方差值（Average Variance Extracted，AVE）衡量研究变量各题项之间的收敛效度，当该指标大于临界值0.5时，说明研究变量的方差对于总方差的贡献要显著地高于测量误差，该测量题项具有较好的收敛效度。在对样本数据进行验证性因子分析之前，应先对样本数据进行KMO（Kasier－Mever－Olkin）样本验证以及巴特利特球体检验（Bartlett test of Sphericity）。当研究变量满足KMO≥0.7时，巴特利特球体检验统计指标在统计意义上显著；当各测量题项的因子载荷系数均大于0.5时，允许该研究变量的测量题项合并为一个因子。

4.9 招募情景实验被试人员

本研究情景实验被试人员招募工作开始于2016年9月，首先通过线上、线下相结合的方式调查是否注册并参与过海尔智能定制平台，或者选取参与过在线用户创新社区的人员，留下愿意参与本研究人员的联系方式，并向没有注册参与过海尔智能定制平台但感兴趣的人员推荐此平台。经过3个月后招募注册并参与过海尔智能定制平台或其他OUIC的被试人员共512人。加上情景实验中的用户创意引导小组成员，众创汇平台管理者2人，众创汇平台设计师3人，众创汇平台用户4人，海尔家电部中高层管理者2人，海尔家电市场销售人员3人，海尔家电售后人员3人，共17人。共招募情景实验被试人员529人。实验结束后，给每位受测者一个迷你心形煎蛋锅小礼品作为对学术研究的支持感谢。

4.10 控制变量

本研究将情景实验被试人员的人口学特征，包括性别、年龄、受教育程度、注册参与OUIC时间以及收入作为控制变量，因为以上变量可能会对用户知识创造力以及前端创新绩效产生重要影响作用，为此，本研究在回归中进行了控制，以此实现最大化的内部效度，尽可能排除其他解释。

4.11 本章小结

本章通过焦点小组访谈、案例内容分析等定性研究方法，按照相关选定依据确定情景实验研究案例，并招募情景实验材料筛选小组对情景实验中所需的刺激材料进行筛选，通过对情景实验材料创意主题构思信息特征验证后确定4组实验材料；利用文献研究，定义研究中涉及的主要研究变量，确定知识复杂性与隐含性、应用式/探索式学习、知识创造力、前端创新绩效以及用户IPM等变量测量量表，并进行情景实验问卷设计；招募情景实验被试人员，并对实验中的控制变量进行解释。

5 情景实验操作以及实验结果分析

5.1 情景实验1：主效应模型的情景实验操作以及假设验证

5.1.1 情景实验1操作步骤

①为了灵活操纵实验以及测量研究变量，将招募的情景实验被试人员以及创意引导小组统一加入创建的交流群；②随机选取实验材料组1和实验材料组4作为情景实验1的刺激物；③随机选择2名被试人员在交流群中发布实验材料c3和c1，创意引导小组的成员发布实验材料b1和b4；④交流群中的被试人员，根据各自的兴趣爱好自愿组建或加入其他被试人员创建的讨论组；⑤创意引导小组加入各个讨论组进行沟通交流，并筛选和评估被试者创意主题。被试时间自2017年4月12日至6月12日，共计2个月。最后，让被试者填写情景问卷调查，收集情景实验1最后的样本数据。情景实验1共收取496份问卷，其中有效问卷424份。

5.1.2 情景实验1被试人员基本情况分析

情景实验1收集的424份有效情景问卷中，情景实验被试人员男性214人（占50.5%），女性210人（占49.5%）；年龄集中在25~55岁，占69.6%；学历以本科以上为主，占72.9%；收入在3000~8000元占65.5%；注册并参与OUIC的时间6个月到2年占60.6%。情景实验被试人员基本情况分析如表 5.1 所示。

表 5.1 情景实验被试人员基本情况分析

项目	类别	样本（份）	占比（%）	项目	类别	样本（份）	占比（%）
性别	男	214	50.5	注册参与 OUIC 的时间	0~6 个月	59	13.9
	女	210	49.5		6~12 个月	148	34.9
年龄	18~25 岁	98	23.1		1~2 年	109	25.7
	25~40 岁	166	39.2		3 年以上	108	25.5
	40~55 岁	129	30.4				
	55 岁以上	31	7.3	收入	3000 元以下	46	10.8
受教育程度	大专以下	115	27.1		3000~5000 元	154	36.3
	本科	129	30.5		5000~8000 元	124	29.2
	硕士研究生	152	35.8		8000 元以上	100	23.6
	博士研究生	28	6.6				

5.1.3 情景实验 1 问卷信度与效度检验

本研究采用 SPSS 22.0 软件对样本数据进行信度检验，结果显示各变量的 Cronbach's α 系数均大于临界值 0.7，说明该量表的内部一致性较高，具有较好的信度；通过 KMO 样本测度和巴特利特球体检验，所有研究变量测量题项的因子载荷均介于 0.692~0.939，显著大于临界值 0.5；所有研究变量的 CR 值均大于临界值 0.7；AVE 值均大于临界值 0.5。情景问卷的信度与效度检验如表 5.2 和表 5.3 所示。

表 5.2 情景问卷的信度与效度检验（1）

变量	题项	因子载荷	Cronbach's α	KMO	CR	AVE
知识复杂性	1	0.921	0.940	0.865	0.956	0.847
	2	0.922				
	3	0.917				
	4	0.922				

续表

变量	题项	因子载荷	Cronbach's α	KMO	CR	AVE
知识隐含性	5	0.870	0.920	0.904	0.948	0.784
	6	0.887				
	7	0.884				
	8	0.892				
	9	0.895				
应用式学习	10	0.910	0.948	0.910	0.960	0.828
	11	0.908				
	12	0.908				
	13	0.912				
	14	0.911				
探索式学习	15	0.939	0.892	0.916	0.974	0.883
	16	0.936				
	17	0.941				
	18	0.945				
	19	0.937				
知识创造力	20	0.725	0.710	0.770	0.822	0.535
	21	0.751				
	22	0.696				
	23	0.753				

表5.3　情景问卷的信度与效度检验（2）

变量	题项		因子载荷	Cronbach's α	KMO	CR	AVE
创意组合管理	创意战略	24	0.868	0.818	0.717	0.892	0.734
		25	0.843				
		26	0.859				
	过程形式化	27	0.817	0.878	0.892	0.905	0.578
		28	0.764				
		29	0.768				
		30	0.720				
		31	0.744				
		32	0.769				
		33	0.739				

续表

变量	题项	因子载荷		Cronbach's α	KMO	CR	AVE
创意组合管理	创意激励	34	0.882	0.933	0.916	0.974	0.748
		35	0.855				
		36	0.865				
		37	0.855				
		38	0.863				
		39	0.872				
前端创新绩效	前端创新效用	40	0.831	0.870	0.816	0.895	0.630
		41	0.720				
		42	0.789				
		43	0.783				
		44	0.841				
	前端创新速度	45	0.870	0.928	0.779	0.929	0.813
		46	0.908				
		47	0.926				
	前端创新成本	48	0.864	0.889	0.737	0.876	0.702
		49	0.801				
		50	0.848				

5.1.4 情景实验1的实证结果分析

5.1.4.1 创意主题情景发布模式聚类结果

为了更好地验证用户在参与OUIC前端创新环节知识创造活动中，不同创意主题发布模式，B端创意主题（企业主导发布）以及C端创意主题（用户主导发布）对用户选择学习方式路径的作用机制的差异性，我们用SPSS 22.0软件对不同创意主题发布模式下构思信息中，知识复杂性和知识隐含性两个研究变量进行迭代聚类法（K－Means Clust型），分为两类，见表5.4。其中，高复杂性低隐含性类别代表B端创意主题（企业主导发布），低复杂性高隐含性类别代表C端创意主题（用户主导发布）（$F=1150.830$，$p<0.001$；$F=948.719$，$p<0.001$），

聚类效果较好。具体结果如表 5.4 所示。

表 5.4　不同创意主题发布模式聚类分析

变量	分类		F 值	P 值
	高复杂性低隐含性［B 端创意主题（企业主导发布）］	低复杂性高隐含性［C 端创意主题（用户主导发布）］		
知识复杂性	0.864	−0.840	1150.830	0.000
知识隐含性	−0.840	0.817	948.719	0.000
样本量（n）	216	208		

5.1.4.2　在 B/C 端创意主题下，研究变量之间的描述性统计分析

表 5.5　在 B 端创意主题（企业主导发布）下各研究变量描述性统计

变量	均值	标准差	1	2	3	4	5	6	7
知识复杂性	4.755	0.570	1.000						
知识隐含性	3.162	0.674	−0.042	1.000					
应用式学习	4.958	0.579	0.120*	−0.063	1.000				
探索式学习	2.627	0.599	−0.035	0.606	0.037	1.000			
知识创造力	4.065	0.550	0.099	0.025	0.136**	0.019	1.000		
创意组合管理	3.454	0.594	0.061	0.109	0.034	0.052	0.246*	1.000	
前端创新绩效	3.563	0.560	0.023	0.094	0.072	0.040	0.214*	0.218**	1.000

注：$^{*}p<0.05$，$^{**}p<0.01$。

表 5.6　在 C 端创意主题（用户主导发布）下各研究变量描述性统计

变量	均值	标准差	1	2	3	4	5	6	7
知识复杂性	2.890	0.606	1.000						
知识隐含性	4.982	0.578	0.169	1.000					
应用式学习	3.348	0.765	0.163	0.152	1.000				
探索式学习	5.384	0.801	0.119	0.432**	0.064	1.000			
知识创造力	5.132	0.640	0.000	0.107	0.003	0.277**	1.000		
创意组合管理	3.750	0.843	0.005	0.138	0.132	0.218	0.554**	1.000	
前端创新绩效	3.135	0.728	0.036	0.016	0.010	0.115	0.232**	0.624**	1.000

注：$^{**}p<0.01$。

由表5.5可知，在B端创意主题（企业主导发布）下，知识复杂性与应用式学习方式（$r = 0.120$，$p < 0.05$）显著正相关；应用式学习与知识创造力（$r = 0.136$，$p < 0.01$）显著正相关；知识创造力与前端创新绩效（$r = 0.214$，$p < 0.05$）显著正相关；创意组合管理与知识创造力以及前端创新绩效（$r = 0.246$，$p < 0.05$；$r = 0.218$，$p < 0.01$）显著正相关。

由表5.6可知，在C端创意主题（用户主导发布）下，知识隐含性与探索式学习（$r = 0.432$，$p < 0.01$）显著正相关；探索式学习与知识创造力（$r = 0.277$，$p < 0.01$）显著正相关；应用式学习与知识创造力（$r = 0.277$，$p < 0.01$）显著正相关；知识创造力与前端创新绩效（$r = 0.232$，$p < 0.01$）显著正相关；创意组合管理与知识创造力以及前端创新绩效（$r = 0.554$，$p < 0.01$；$r = 0.624$，$p < 0.01$）显著正相关。

不论是在B端创意主题（企业主导发布）下，还是在C端创意主题（用户主导发布）下，这些研究变量之间的相关性与理论预期的关系相一致，为验证本研究假设提供了初步支持。

5.1.4.3 主效应结构方程模型分析与假设验证

运用AMOS 22.0软件对B端创意主题（企业主导发布）模型一与C端创意主题（用户主导发布）模型二的主效应样本数据进行结构方程模型分析和假设检验，结果如表5.7所示。由表5.7可以看出，观测数据对假设模型的拟合效果都比较理想，可以开展模型假设的验证。

表5.7 在B/C端创意主题下结构方程模型拟合参数

模型拟合参数	x^2/df	*IFI*	*CFI*	*PNFI*	*RMSEA*
理想值	≤3	≥0.9	≥0.9	>0.5	<0.08
模型一	1.184	0.969	0.968	0.741	0.029
模型二	1.179	0.979	0.978	0.783	0.029

（1）用户在参与OUIC前端创新环节知识创造活动中，不同创意主题发布模式对用户选择学习方式路径的作用机制差异性。由表5.8可

知，在B端创意主题（企业主导发布）下，知识复杂性与应用式学习（$\beta=0.203$，$p<0.01$）显著正相关。由表5.9可知，在C端创意主题（用户主导发布）下，知识隐含性与探索式学习（$\beta=0.879$，$p<0.001$）显著正相关。由此，H_{1a}、H_{1b}得到验证。

（2）用户在参与OUIC前端创新环节知识创造活动中，不同创意主题发布模式下，用户选择学习方式对用户知识创造力的差异性影响。由表5.8可知，在B端创意主题（企业主导发布）下，应用式学习与知识创造力（$\beta=0.512$，$p<0.001$）显著正相关；由表5.9可知，在C端创意主题（用户主导发布）下，探索式学习与知识创造力（$\beta=0.274$，$p<0.001$）显著正相关。由此，假设H_{2a}、H_{2b}得到验证。

（3）用户在参与OUIC前端创新环节知识创造活动中，不同创意主题发布模式下，用户知识创造力对企业前端创新绩效的影响作用。由表5.8可知，在B端创意主题（企业主导发布）下，知识创造力对前端创新绩效（$\beta=0.368$，$p<0.01$）显著；由表5.9可知，在C端创意主题（用户主导发布）下，用户知识创造力与前端创新绩效（$\beta=0.352$，$p<0.001$）显著正相关。由此，H_3得到验证。

表5.8 在B端创意主题（企业主导发布）下主效应修正模型分析结果

假设路径（B端）	标准化路径系数（β值）	CR值	p值
知识复杂性→应用式学习	0.203	2.476	**
知识隐含性→应用式学习	0.043	0.078	0.580
知识复杂性→探索式学习	-0.029	-0.324	0.746
知识隐含性→探索式学习	0.044	0.088	0.504
应用式学习→知识创造力	0.512	5.034	***
探索式学习→知识创造力	0.029	0.420	0.674
知识创造力→前端创新绩效	0.368	1.112	**

注：** $p<0.01$，*** $p<0.001$。

表5.9 在C端创意主题（用户主导发布）下主效应修正模型分析结果

假设路径（C端）	标准化路径系数（β值）	CR值	p值
知识复杂性→应用式学习	0.013	0.117	0.907
知识隐含性→应用式学习	0.195	1.368	0.171
知识复杂性→探索式学习	0.032	0.317	0.751
知识隐含性→探索式学习	0.879	5.184	***
应用式学习→知识创造力	0.009	0.153	0.879
探索式学习→知识创造力	0.274	3.943	***
知识创造力→前端创新绩效	0.352	3.308	***

注：***$p<0.001$。

5.1.4.4 主效应模型IPM调节效应验证

本研究通过多层次回归分析来检验IPM对用户知识创造力与前端创新绩效之间的调节作用：根据温忠麟等（2004）的调节效应分析方法，来检验IPM在用户知识创造力与前端创新绩效关系中的调节作用，采用SPSS 22.0软件进行数据分析处理，相关结果整理后见表5.10至表5.15。

在B端创意主题（企业主导发布）下，多层次回归分析结果显示：由表5.10可知，创意战略和用户知识创造力交互项与前端创新绩效之间在5%水平下存在显著正相关关系（M_3：$\beta=0.132$，$p<0.05$）；由表5.11可知，过程形式化和用户知识创造力交互项与前端创新绩效之间在1%水平下存在显著正相关关系（M_7：$\beta=0.162$，$p<0.01$）；由表5.12可知，创意激励和用户知识创造力交互项与前端创新绩效之间在1‰水平下存在显著正相关关系（M_{11}：$\beta=0.260$，$p<0.001$）。由此，在B端创意主题（企业主导发布）下，H_4与H_{4a}、H_{4b}、H_{4c}得到验证。

在C端创意主题（用户主导发布）下，多层次回归分析结果显示：由表5.13可知，创意战略和用户知识创造力交互项与前端创新绩效之间在1%水平下存在显著正相关关系（M_3：$\beta=0.137$，$p<0.01$）；由表5.14可知，过程形式化和用户知识创造力交互项与前端创新绩效之间在5%水平下存在显著正相关关系（M_7：$\beta=$

0. 161，$p<0.05$)；由表 5. 15 可知，创意激励和用户知识创造力交互项与前端创新绩效之间在 1% 水平下存在显著正相关关系（M_{11}：$\beta=0.147$，$p<0.01$)。由此，在 C 端创意主题（用户主导发布）下，H_4 与 H_{4a}、H_{4b}、H_{4c} 得到验证。

表 5. 10　在 B 端创意主题（企业主导发布）下 IPM 调节效应检验结果（1）

被解释的变量	前端创新绩效（B 端）			
	M_0	M_1	M_2	M_3
性别	-0. 097 (-1. 429)	-0. 086 (-1. 271)	-0. 078 (-1. 174)	-0. 071 (-1. 077)
年龄	-0. 059 (-0. 843)	-0. 037 (-0. 527)	-0. 041 (-0. 606)	-0. 051 (-0. 755)
受教育程度	0. 027 (0. 391)	0. 031 (0. 450)	0. 049 (0. 724)	0. 052 (0. 765)
注册参与时间	0. 172 (2. 410)	0. 136 (1. 884)	0. 171 (2. 368)	0. 164 (2. 292)
收入	0. 086 (1. 245)	0. 073 (1. 058)	0. 081 (1. 189)	0. 097 (1. 426)
知识创造力		0. 167* (2. 406)	0. 107 (1. 489)	0. 120 (1. 682)
创意战略			0. 197* (2. 809)	0. 192** (2. 756)
知识创造力×创意战略				0. 132* (1. 198)
R^2	0. 050	0. 076	0. 110	0. 127
ΔR^2	0. 027	0. 049	0. 080	0. 093
ΔF	2. 186	5. 788*	7. 892**	3. 930*
VIF 最大值	1. 113	1. 163	1. 198	1. 200

注：$*p<0.05$，$**p<0.01$；括号内为相应的 t 值。

表 5.11 在 B 端创意主题（企业主导发布）下 IPM 调节效应检验结果（2）

被解释的变量	前端创新绩效（B 端）			
	M_4	M_5	M_6	M_7
性别	−0.097 (−1.429)	−0.086 (−1.271)	−0.067 (−1.009)	−0.064 (−1.077)
年龄	−0.059 (−0.043)	−0.037 (−0.527)	−0.043 (−0.633)	−0.048 (−0.714)
受教育程度	0.027 (0.391)	0.031 (0.450)	0.057 (0.845)	0.074 (0.765)
注册参与时间	0.172 (2.410)	0.136 (1.884)	0.182 (2.541)	0.159 (2.292)
收入	0.086 (1.245)	0.073 (1.058)	0.079 (1.181)	0.053 (1.426)
知识创造力		0.167* (2.406)	0.105 (1.489)	0.088 (1.682)
过程形式化			0.239** (3.455)	0.236** (2.756)
知识创造力×过程形式化				0.162* (1.198)
R^2	0.050	0.076	0.127	0.152
ΔR^2	0.027	0.049	0.097	0.118
ΔF	2.186	5.788*	11.938**	5.914*
VIF 最大值	1.113	1.163	1.204	1.169

注：$*p<0.05$，$**p<0.01$；括号内为相应的 t 值。

表 5.12 在 B 端创意主题（企业主导发布）下 IPM 调节效应检验结果（3）

被解释的变量	前端创新绩效（B 端）			
	M_8	M_9	M_{10}	M_{11}
性别	−0.097 (−1.429)	−0.086 (−1.271)	−0.067 (−1.019)	−0.070 (−1.101)
年龄	−0.059 (−0.043)	−0.037 (−0.527)	−0.041 (−0.609)	−0.018 (−0.272)

续表

被解释的变量	前端创新绩效（B 端）			
	M_8	M_9	M_{10}	M_{11}
受教育程度	0.027 (0.391)	0.031 (0.450)	0.054 (0.797)	0.021 (0.314)
注册参与时间	0.172 (2.410)	0.136 (1.884)	0.184 (2.553)	0.177 (2.546)
收入	0.086 (1.245)	0.073 (1.058)	0.084 (1.243)	0.085 (1.313)
知识创造力		0.167* (2.406)	0.108 (1.531)	0.123 (1.804)
创意激励			0.231** (3.336)	0.204** (3.040)
知识创造力× 创意激励				0.260*** (4.048)
R^2	0.050	0.076	0.24	0.189
ΔR^2	0.027	0.049	0.094	0.157
ΔF	2.186	5.788*	11.126**	16.383***
VIF 最大值	1.113	1.163	1.210	1.211

注：$*p<0.05$，$**p<0.01$，$***p<0.001$；括号内为相应的 t 值。

表 5.13 在 C 端创意主题（用户主导发布）下 IPM 调节效应检验结果（1）

被解释的变量	前端创新绩效（C 端）			
	M_0	M_1	M_2	M_3
性别	-0.102 (-1.486)	-0.098 (-1.455)	-0.102 (-1.632)	-0.094 (-1.504)
年龄	-0.073 (-1.044)	-0.044 (-0.639)	-0.045 (-0.697)	-0.040 (-0.630)
受教育程度	0.072 (1.028)	0.076 (1.109)	0.077 (1.206)	0.075 (1.183)
注册参与时间	-0.107 (-1.554)	-0.087 (-1.294)	-0.156 (-2.446)	-0.169 (-2.655)

续表

被解释的变量	前端创新绩效（C 端）			
	M_0	M_1	M_2	M_3
收入	0.090 (1.314)	0.045 (0.658)	0.016 (0.245)	0.017 (0.263)
知识创造力		0.207 ** (3.013)	0.010 (1.131)	0.037 (0.498)
创意战略			0.424 *** (5.863)	0.473 *** (6.286)
知识创造力×创意战略				0.137 ** (2.147)
R^2	0.037	0.077	0.205	0.222
ΔR^2	0.015	0.051	0.179	0.193
ΔF	1.653	9.081 **	34.374 ***	4.612 *
VIF 最大值	1.096	1.109	1.451	1.536

注：$*p<0.05$，$**p<0.01$，$***p<0.001$；括号内为相应的 t 值。

表 5.14　在 C 端创意主题（用户主导发布）下 IPM 调节效应检验结果（2）

被解释的变量	前端创新绩效（C 端）			
	M_4	M_5	M_6	M_7
性别	−0.102 (−1.486)	−0.098 (−1.455)	−0.097 (−1.496)	−0.097 (−1.523)
年龄	−0.073 (−1.044)	−0.044 (−0.639)	−0.061 (−0.920)	−0.067 (−1.017)
受教育程度	0.072 (1.028)	0.076 (1.109)	0.080 (1.208)	0.090 (1.371)
注册参与时间	−0.107 (−1.554)	−0.087 (−1.294)	−0.087 (−1.331)	−0.083 (−1.287)
收入	0.090 (1.314)	0.045 (0.658)	0.047 (0.714)	0.058 (0.884)
知识创造力		0.207 ** (3.013)	0.075 (1.030)	0.036 (0.487)

续表

被解释的变量	前端创新绩效（C 端）			
	M_4	M_5	M_6	M_7
过程形式化			0.301*** (4.276)	0.354*** (4.859)
知识创造力×过程形式化				0.161* (2.434)
R^2	0.037	0.077	0.150	0.173
ΔR^2	0.015	0.051	0.122	0.142
ΔF	1.653	9.081**	18.284***	5.924*
VIF 最大值	1.096	1.109	1.451	1.536

注：$*p<0.05$，$**p<0.01$，$***p<0.001$；括号内为相应的 t 值。

表 5.15　在 C 端创意主题（用户主导发布）下 IPM 调节效应检验结果（3）

被解释的变量	前端创新绩效（C 端）			
	M_8	M_9	M_{10}	M_{11}
性别	-0.102 (-1.486)	-0.098 (-1.455)	-0.015 (-0.308)	-0.010 (-0.202)
年龄	-0.073 (-1.044)	-0.044 (-0.639)	-0.023 (-0.454)	-0.018 (-0.361)
受教育程度	0.072 (1.028)	0.076 (1.109)	0.027 (0.533)	0.008 (0.150)
注册参与时间	-0.107 (-1.554)	-0.087 (-1.294)	-0.129 (-2.561)	-0.146 (-2.920)
收入	0.090 (1.314)	0.045 (0.658)	0.017 (0.338)	0.004 (0.082)
知识创造力		0.207** (3.013)	0.039 (0.715)	0.091 (1.597)
创意激励			0.700*** (13.259)	0.765*** (13.356)
知识创造力×创意激励				0.147** (2.698)

续表

被解释的变量	前端创新绩效（C 端）			
	M_8	M_9	M_{10}	M_{11}
R^2	0.037	0.077	0.495	0.512
ΔR^2	0.015	0.051	0.479	0.494
ΔF	1.653	9.081 **	15.809 ***	7.281 **
VIF 最大值	1.096	1.109	1.231	1.417

注：** $p<0.01$，*** $p<0.001$；括号内为相应的 t 值。

5.1.5 情景实验 1 小结

通过实施情景实验 1 对理论模型中的主效应以及调节效应进行检验，并用 SPSS 22.0 以及 AMOS 22.0 统计软件收集样本数据，对本书中提出的前 4 组假设进行验证，情景实验 1 研究假设验证结果汇总如表 5.16 所示。

表 5.16 情景实验 1 研究假设验证结果汇总

组别	假设表述	是否得到实证验证
组 1	H_{1a}：在 B 端创意主题（企业主导发布）下，社区用户倾向于选择应用式学习	是
	H_{1b}：在 C 端创意主题（用户主导发布）下，社区用户倾向于选择探索式学习	
组 2	H_{2a}：用户选择应用式学习，有利于提高用户知识创造力	是
	H_{2b}：用户选择探索式学习，有利于提高用户知识创造力	
组 3	H_3：用户知识创造力能够提高前端创新绩效	是
组 4	H_4：企业实施 IPM 对用户知识创造力与前端创新绩效之间的关系起正向调节作用	是
	H_{4a}：创意战略正向调节用户知识创造力与前端创新绩效之间的关系	
	H_{4b}：过程形式化正向调节用户知识创造力与前端创新绩效之间的关系	
	H_{4c}：创意激励正向调节用户知识创造力与前端创新绩效之间的关系	

5.2 情景实验2：在B端创意主题（企业主导发布）下企业导入IPM时机验证

5.2.1 情景实验2操作步骤

①第一次情景实验结束后1个月，将被试人员再次随机分为两组，即C组和D组，其中将C组被试人员再次随机分配创建A0、A1、A2讨论组，其中将创意引导小组加入A0、A1、A2讨论组；②随机抽取余下的实验材料组3，由创意引导小组的人员在A0、A1、A2讨论组内发布实验材料b3；③A0讨论小组中的创意引导小组仅发布实验材料，全程不参与讨论，即前端创新环节无导入IPM小组；④A1讨论小组中的用户引导小组在创新主题发布后，就开始参与小组内其他被试者的讨论和提问，并对其他被试者的产品创意进行引导，即前端创新环节创意产生阶段（第一阶段）导入IPM小组；⑤A2讨论小组中的用户引导小组在产品创意完善和转化产品概念时开始加入其他被试者的讨论，并协助用户整合、筛选、转化产品创意，即前端创新环节创意发展阶段（第二阶段）导入IPM小组。被测时间3个月，时间起止为2017年7月到9月，然后让被试者填写情景问卷。其中，A0小组收集有效问卷51份，A1小组收集有效问卷56份，A2小组收集有效问卷53份。

5.2.2 情景实验2的实证结果分析

5.2.2.1 在B端创意主题（企业主导发布）下企业是否导入IPM结果分析

本研究采用独立样本t检验对在B端创意主题（企业主导发布）下的H_5与H_{6a}进行实证检验，相关结果整理后见表5.17。在B端创意主题（企业主导发布）下，由表5.17可知，用户在参与OUIC前端创新环节知识创造活动中，与无导入用户 IPM A0 小组相比较，前端创新环节创意产生阶段（第一阶段）导入用户 IPM A1 小组时，用户知识创造力和前端创新绩效要显著大于无导入用户 IPM A0 小组的知识创造力（$t=-21.028$，$p<0.001$）、前端创新绩效（$t=-24.301$，$p<0.001$）；与无导入用户 IPM A0 小组相比较，前端创新环节创意发展阶段（第二阶段）导入用户 IPM A2 小组时，用户知识创造力和前端创新绩效要显著大于无导入用户 IPM A0 小组时的知识创造力（$t=-17.897$，$p<0.001$）、前端创新绩效（$t=-14.868$，$p<0.001$）。由此，在 B 端创意主题（企业主导发布）下，H_5 得到验证。

在 B 端创意主题（企业主导发布）下，由表 5.17 可知，用户在参与 OUIC 前端创新环节知识创造活动中，与前端创新环节创意发展阶段（第二阶段）导入用户 IPM A2 小组相比较，前端创新环节创意产生阶段（第一阶段）导入用户 IPM A1 小组时，用户知识创造力与前端创新绩效要显著大于前端创新环节创意发展阶段（第二阶段）导入用户 IPM A2 小组时，知识创造力（$t=2.395$，$p<0.05$）、前端创新绩效（$t=7.833$，$p<0.001$）。由此，在 B 端创意主题（企业主导发布）下，H_{6a} 得到验证。

表 5.17 在 B 端创意主题（企业主导发布）下企业是否导入 IPM 实证结果

观测变量（*B* 端）	***F***	***p***	***t***	***p***	分类变量	***M***	***SD***	样本量（***n***）
知识创造力	0.000	0.996	-21.028	0.000	无导入组	2.211	0.686	51
			-20.946	0.000	一阶段导入组	4.891	0.632	56
	0.545	0.462	-17.897	0.000	无导入组	2.212	0.686	51
			-17.889	0.000	二阶段导入组	4.592	0.670	53
	0.769	0.395	2.395	0.018	一阶段导入组	4.891	0.632	56
			2.391	0.019	二阶段导入组	4.593	0.670	53
前端创新绩效	3.638	0.059	-24.301	0.000	无导入组	2.443	0.799	51
			-24.025	0.000	一阶段导入组	5.792	0.624	56
	0.078	0.781	-14.868	0.000	无导入组	2.443	0.799	51
			-14.860	0.000	二阶段导入组	4.738	0.777	53
	2.602	0.110	7.833	0.000	一阶段导入组	5.792	0.083	56
			7.787	0.000	二阶段导入组	4.738	0.107	53

5.2.2.2 在B端创意主题（企业主导发布）下企业导入IPM时函数曲线特征验证

H_{7a}在B端创意主题（企业主导发布）下，用户在参与OUIC前端创新环节知识创造活动中，前端创新环节创意产生阶段（第一阶段）导入IPM，随着用户知识创造力的提高，其前端创新绩效也在提高，知识创造力与前端创新绩效之间的函数曲线是非线性的，且边际效用递增。为了验证此假说，分别建立一次方线性回归模型（1）和二次方回归模型（2）：

$$FIP_{(t+1)i/B} = b_0 + b_1 CA_{(t+1)i/B} + \varepsilon \quad (1)$$

$$FIP_{(t+1)i/B} = b_0 + b_1 CA_{(t+1)i/B} + b_2 CA_{(t+1)^2 i/B} + \varepsilon \quad (2)$$

这里的$FIP_{(t+1)i/B}$是指在B端创意主题（企业主导发布）下，第i个用户IPM导入后的前端创新绩效，$b_1 CA_{(t+1)i/B}$是指在前端创意主题（企业主导发布）下，第i个用户IPM导入后的知识创造力，b_0是回归方程的常数项，b_1、b_2是参数，ε是随机误差。

本研究采用SPSS 22.0拟合，在B端创意主题（企业主导发布）下，用户在参与OUIC前端创新环节知识创造活动中，前端创新环节创意产生阶段（第一阶段）导入IPM，用户知识创造力与前端创新绩效一次方线性回归模型以及二次方回归模型如表5.18所示。其中，企业在前端创新环节创意产生阶段（第一阶段）导入IPM时，一次方线性回归结果显示（$F=37.582$，$R^2=0.410$），一次方线性回归模型中b_1为正，显著不为零（$b_1=0.641$，$p<0.001$），意味着用户知识创造力与前端创新绩效之间有一个显著的正向关系。二次方回归模型结果显示（$F=19.525$，$R^2=0.424$），R^2指标提升，因此，二次方回归模型比一次方线性回归模型拟合更好。二次方回归模型的结果（$b_2=0.125$，$p<0.001$）意味着回归曲线是下凹的，边际效用呈递增趋势，如图5.1所示。由此，H_{7a}得到验证。

同理，H_{7b}在B端创意主题（企业主导发布）下，用户在参与OUIC

前端创新环节知识创造活动中，前端创新环节创意发展阶段（第二阶段）导入 IPM，随着用户知识创造力的提高，其前端创新绩效也在提高，用户知识创造力与前端创新绩效之间的函数曲线是非线性的，但边际效用递减。本研究采用 SPSS 22.0 拟合，在 B 端创意主题（企业主导发布）下，当前端创新环节创意发展阶段（第二阶段）导入 IPM 时，用户知识创造力与前端创新绩效一次方线性回归模型以及二次方回归模型如表 5.18 所示。一次方线性回归模型结果显示（$F=59.030$，$R^2=0.536$），一次方线性回归模型中 b_1 为正，显著不为零（$b_1=0.732$，$p<0.001$），意味着知识创造力与前端创新绩效之间有一个显著的正向关系。二次方回归模型结果显示（$F=33.738$，$R^2=0.574$），R^2 指标提升，因此，二次方回归模型比一次方线性回归模型拟合更好。二次方回归模型的结果（$b_2=-0.138$，$p<0.001$）意味着回归曲线是上凸的，但边际效用呈递减趋势，如图 5.2 所示。由此，假设 H_{7b} 得到验证。

表 5.18　在 B 端创意主题（企业主导发布）下企业导入 IPM 时函数曲线拟合结果

回归模型（B 端）	参数	系数	F	R^2	p	样本量（n）
一次方线性拟合（第一阶段导入）	b_1	0.641	37.582	0.410	0.000	56
二次方曲线拟合（第一阶段导入）	b_0	-0.123	19.525	0.424	0.000	
	b_1	0.605				
	b_2	0.125				
一次方线性拟合（第二阶段导入）	b_1	0.732	59.030	0.536	0.000	53
二次方曲线拟合（第二阶段导入）	b_0	0.135	33.738	0.574	0.000	
	b_1	0.854				
	b_2	-0.138				

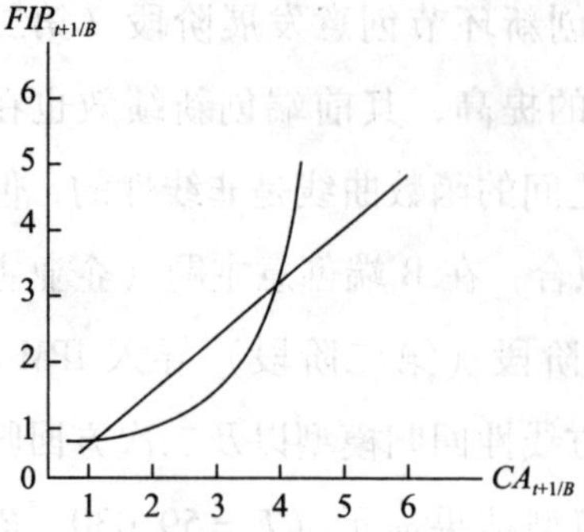

图 5.1　B 端创意主题（企业主导发布）前端创新环节创意产生阶段（第一阶段）导入 IPM 时函数曲线

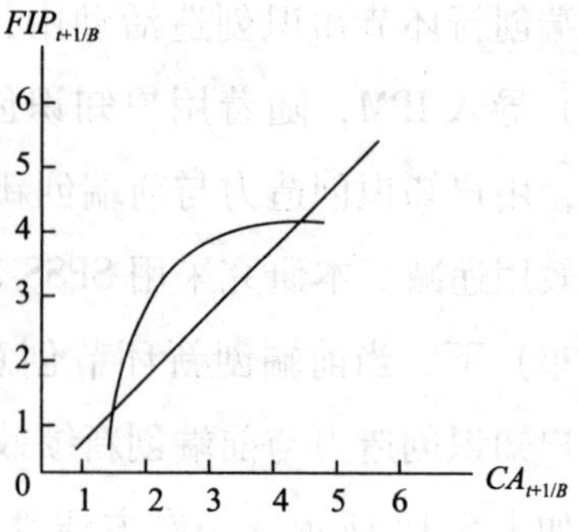

图 5.2　B 端创意主题（企业主导发布）端创新环节创意发展阶段（第二阶段）导入 IPM 时函数曲线

5.2.3　情景实验 2 小结

通过实施情景实验 2 对在 B 端创意主题（企业主导发布）下，企业导入 IPM 时机检验，并用 SPSS 22.0 软件以及 AMOS 22.0 统计软件收集样本数据对本书中提出的后 4 组假设进行验证，情景实验 2 研究假设验证结果汇总如表 5.19 所示。

表 5.19　情景实验 2 研究假设验证结果汇总

组别	假设表述	是否得到实证验证
组 5（B 端创意主题）	H_5：在 B 端创意主题下，用户参与 OUIC 前端创新环节知识创造活动中，相对于企业不导入 IPM，不论在前端创新环节的创意产生阶段（第一阶段）还是创意发展阶段（第二阶段）导入 IPM，都有利于提高用户的知识创造力与前端创新绩效，即 $CA_{t+1/B}/M_{n_1} > CA_{t+1/B}/M_{n_0}$，$FIP_{t+1/B}/M_{n_1} > FIP_{t+1/B}/M_{n_0}$	是
组 6（B 端创意主题）	H_{6a}：在 B 端创意主题（企业主导发布）下，企业在用户参与 OUIC 前端创新环节知识创造活动中，相对于前端创新环节创意发展阶段（第二阶段）导入 IPM，创意产生阶段（第一阶段）导入 IPM，更有利于提高社区用户知识创造力与前端创新绩效，即 $CA_{t+1/B}/M_{n_1} > CA_{t+1/B}/M_{n_2}$，$FIP_{t+1/B}/M_{n_1} > FIP_{t+1/B}/M_{n_2}$	是

续表

组别	假设表述	是否得到实证验证
7组（B端创意主题）	H_{7a}：在B端创意主题（企业主导发布）下，企业在用户参与OUIC前端创新环节知识创造活动中，前端创新环节创意产生阶段（第一阶段）导入IPM，随着用户知识创造力的提高，其前端创新绩效也在提高，用户知识创造力与前端创新绩效之间的函数曲线是非线性的，且边际效用递增	是
	H_{7b}：在B端创意主题（企业主导发布）下，企业在用户参与OUIC前端创新环节知识创造活动中，前端创新环节创意发展阶段（第二阶段）导入IPM，随着用户知识创造力的提高，其前端创新绩效也在提高，用户知识创造力与前端创新绩效之间的函数曲线是非线性的，但边际效用递减	

5.3　情景实验3：在C端创意主题（用户主导发布）下企业导入IPM时机验证

5.3.1　情景实验3操作步骤

①将D组随机分配组建B0、B1、B2讨论组，其中将创意引导小组加入B0、B1、B2讨论组；②抽取余下的实验材料组5，由随机抽取的被试人员在B0、B1、B2讨论组内发布实验材料c5；③B0讨论小组中的创意引导小组仅发布实验材料，全程不参与讨论，即前端创新环节无导入用户IPM小组；④B1小组中的用户引导小组在创新主题发布后就开始参与小组内其他被试者的讨论和提问，并对其他被试者的产品创意进行引导，即前端创新环节用户创意产生阶段（第一阶段）导入用户IPM小组；⑤B2小组中的用户引导小组在产品创意完善和转化产品概念时，开始加入其他被试者的讨论，并协助用户整合、筛选、转化产品创意，即前端创新环节创意发展阶段（第二阶段）导入用户IPM小组。

被测时间历时3个月，起止时间为2017年7月到9月，然后让被试者填写调查问卷。其中，B0小组收集有效问卷55份，B1小组收集有效问卷54份，B2小组收集有效问卷53份。

5.3.2 情景实验3的实证结果分析

5.3.2.1 在C端创意主题（用户主导发布）下企业是否导入IPM结果分析

本研究采用独立样本 t 检验对在C端创意主题（用户主导发布）下的 H_5 与 H_{6b} 进行实证检验，相关结果整理后如表5.20所示。用户在参与OUIC前端创新环节知识创造活动中，与无导入用户IPM小组B0相比较，前端创新环节创意产生阶段（第一阶段）导入IPM小组B1，用户知识创造力和前端创新绩效要显著大于无导入用户IPM小组B0的用户知识创造力（$t=17.964$，$p<0.001$）、前端创新绩效（$t=-13.872$，$p<0.001$）；与无导入用户IPM小组B0相比较，前端创新环节创意发展阶段（第二阶段）导入用户IPM小组B2，用户知识创造力和前端创新绩效要显著大于无导入用户IPM小组B0的用户知识创造力（$t=20.965$，$p<0.001$）、前端创新绩效（$t=-22.289$，$p<0.001$）。由此，在C端创意主题（用户主导发布）下，H_5 得到验证。

在C端创意主题（用户主导发布）下，由表5.20可知，用户在参与OUIC前端创新环节知识创造活动中，与创意产生阶段（第一阶段）导入用户IPM B1小组相比较，前端创新环节创意发展阶段（第二阶段）导入用户IPM B2小组，用户知识创造力与前端创新绩效要显著大于创意产生阶段（第一阶段）导入用户IPM B1小组的知识创造力（$t=-2.497$，$p<0.05$）、前段创新绩效（$t=-4.542$，$p<0.001$）。由此，在C端创意主题（用户主导发布）下，H_{6b} 得到验证。

表 5.20　在 C 端创意主题（用户主导发布）下企业是否导入 IPM 实证结果

观测变量（C 端）	*F*	*p*	*t*	*p*	分类变量	*M*	*SD*	样本量（*n*）
知识创造力	0.138	0.711	17.964	0.000	无导入组	2.242	0.690	55
			17.964	0.000	一阶段导入组	4.619	0.691	54
	0.080	0.777	20.965	0.000	无导入组	2.242	0.690	55
			20.991	0.000	二阶段导入组	4.942	0.647	53
	0.462	0.498	-2.497	0.014	一阶段导入组	4.619	0.094	54
			-2.498	0.014	二阶段导入组	4.942	0.646	53
前端创新绩效	0.796	0.374	-13.872	0.000	无导入组	2.527	0.874	55
			-13.887	0.000	一阶段导入组	4.724	0.776	54
	6.087	0.15	-22.289	0.000	无导入组	2.527	0.874	55
			-22.424	0.000	二阶段导入组	5.798	0.626	53
	0.009	0.923	-4.542	0.000	一阶段导入组	5.263	0.592	54
			-4.539	0.000	二阶段导入组	5.798	0.626	53

注：$*p<0.05$，$**p<0.01$，$***p<0.001$

5.3.2.2　在 C 端创意主题（用户主导发布）下企业导入 IPM 时函数曲线拟合

H_{8a}在 C 端创意主题（用户主导发布）下，用户参与 OUIC 前端创新活动中，创意产生阶段（第一阶段）导入 IPM，随着用户知识创造力的提高，其前端创新绩效也在提高，用户知识创造力与前端创新绩效之间的函数曲线是非线性的，但边际效用递减。为了验证此假设，分别建立一次方线性回归模型（1）和二次方回归模型（2）：

$$FIP_{(t+1)i/C} = b_0 + b_1 CA_{(t+1)i/C} + \varepsilon \quad (1)$$

$$FIP_{(t+1)i/C} = b_0 + b_1 CA_{(t+1)i/C} + \mathrm{b}_2 CA_{(t+1)^2 i/C} + \varepsilon \quad (2)$$

这里的 $FIP_{(t+1)i/C}$ 是指在 C 端创意主题（用户主导发布）下，第 i 个用户 IPM 导入后的前端创新绩效；$b_1 CA_{(t+1)i/C}$ 是指在 C 端创意主题（用户主导发布）下，第 i 个用户 IPM 导入后的知识创造力；b_0 是回归方程的常数项；b_1、b_2 是参数；ε 是随机误差。

本研究采用 SPSS 22.0 拟合，在 C 端创意主题（用户主导发布）

下，在前端创新环节创意产生阶段（第一阶段）导入用户 IPM 时，用户知识创造力与前端创新绩效一次方线性回归模型以及二次方回归模型如表 5.21 所示。一次方线性回归结果显示（$F=41.022$，$R^2=0.441$），一次方线性回归模型中 b_1 为正，显著不为零（$b_1=0.664$，$p<0.001$），意味着用户知识创造力与前端创新绩效之间有一个显著的正向关系。二次方回归结果显示（$F=25.012$，$R^2=0.495$），R^2 指标提升，因此，二次方回归模型比一次方线性回归模型拟合更好。二次方回归模型结果（$b_2=-0.174$，$p<0.001$）意味着回归曲线是上凸的，但边际效用呈递减趋势，如图 5.3 所示。由此，H_{8a}得到验证。

同理，在 C 端创意主题（用户主导发布）下，在前端创新环节创意发展阶段（第二阶段）导入用户 IPM 时，用户知识创造力与前端创新绩效一次方线性回归模型以及二次方回归模型如表 5.21 所示。一次方线性回归模型结果显示（$F=33.036$，$R^2=0.393$），一次方线性回归模型中 b_1 为正，显著不为零（$b_1=0.627$，$p<0.001$），意味着用户知识创造力与前端创新绩效之间有一个显著的正向关系。二次方回归模型结果显示（$F=17.373$，$R^2=0.410$），R^2 指标提升，因此，二次方回归模型比一次方线性回归模型拟合更好。二次方回归模型的结果（$b_2=0.144$，$p<0.001$）意味着回归曲线是下凹的，且边际效用呈递增趋势，如图 5.4 所示。由此，H_{8b}得到验证。

表 5.21　在 C 端创意主题（用户主导发布）下企业导入 IPM 函数曲线拟合结果

回归模型（C 端）	参数	系数	F	R^2	p	样本量（n）
一次方线性拟合（第一阶段导入）	b_1	0.664	41.022	0.441	0.000	54
二次方曲线拟合（第一阶段导入）	b_0	0.171	25.012	0.495	0.000	
	b_1	0.809				
	b_2	−0.174				

续表

回归模型（C端）	参数	系数	F	R^2	p	样本量（n）
一次方线性拟合（第二阶段导入）	b_1	0.627	33.036	0.393	0.000	53
二次方曲线拟合（第二阶段导入）	b_0	-0.141	17.374	0.410	0.000	
	b_1	0.597				
	b_2	0.144				

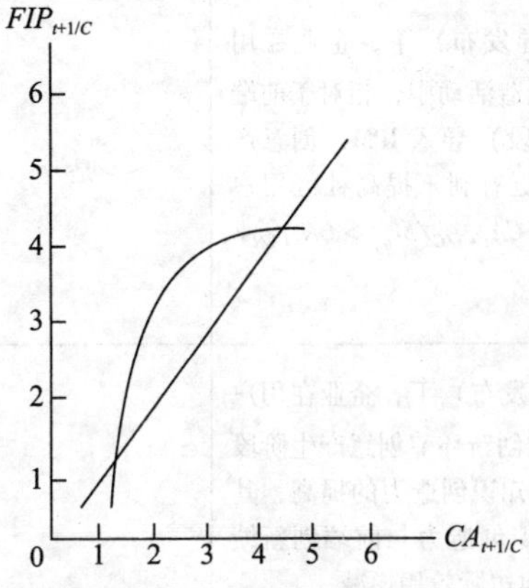

图5.3 在C端创意主题（用户主导发布）前端创新环节创意产生阶段（第一阶段）导入IPM函数曲线

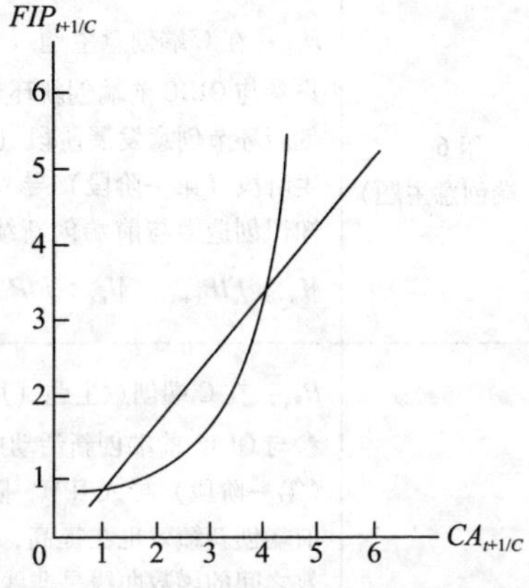

图5.4 在C端创意主题（用户主导发布）前端创新环节创意发展阶段（第二阶段）导入IPM函数曲线

5.3.3 情景实验3小结

通过实施情景实验3对在C端创意主题（用户主导发布）下，企业导入IPM时机检验，并用SPSS 22.0以及AMOS 22.0统计软件收集样本数据对本研究中提出的后4组假设进行验证，情景实验3研究假设验证结果汇总如表5.22所示。

表 5.22　情景实验 3 研究假设验证结果汇总

组别	假设表述	是否得到实证验证
组 5（C 端创意主题）	H_5：在 C 端创意主题（用户主导发布）下，用户参与 OUIC 前端创新环节知识创造过程中，相对于企业不导入 IPM，不论在前端创新环节的创意产生阶段（第一阶段）还是创意发展阶段（第二阶段）导入 IPM，都有利于提高用户的知识创造力与前端创新绩效即 $CA_{t+1/C}/M_{n_1} > CA_{t+1/C}/M_{n_0}$，$FIP_{t+1/C}/M_{n_1} > FIP_{t+1/C}/M_{n_0}$	是
组 6（C 端创意主题）	H_{6b}：在 C 端创意主题（用户主导发布）下，企业在用户参与 OUIC 前端创新环节知识创造活动中，相对于前端创新环节创意发展阶段（第二阶段）导入 IPM，创意产生阶段（第一阶段）导入 IPM，更有利于提高社区用户知识创造力与前端创新绩效，即 $CA_{t+1/C}/M_{n_1} > CA_{t+1/C}/M_{n_2}$，$FIP_{t+1/C}/M_{n_1} > FIP_{t+1/C}/M_{n_2}$	是
组 8（C 端创意主题）	H_{8a}：在 C 端创意主题（用户主导发布）下，企业在用户参与 OUIC 前端创新活动中，前端创新环节创意产生阶段（第一阶段）导入 IPM，随着用户知识创造力的提高，其前端创新绩效也在提高，用户知识创造力与前端创新绩效之间的函数曲线是非线性的，但边际效用递减 H_{8b}：在 C 端创意主题（用户主导发布）下，企业在用户参与 OUIC 前端创新活动中，前端创新环节创意发展阶段（第二阶段）导入 IPM，随着用户知识创造力的提高，其前端创新绩效也在提高，用户知识创造力与前端创新绩效之间的函数曲线是非线性的，且边际效用递增	是

6　研究结论与展望

本章主要是对整个研究进行简要的总结梳理，包括以下 4 个部分的内容。首先，结合第 5 章“情景实验操作以及实验结果分析”的研究结论进行讨论；其次，从以上的研究结论中归纳阐述本研究的主要理论贡献；再次，结合本研究的实践意义，为企业创建 OUIC 实施用户知识创新战略的实践活动提供启示与建议；最后，从研究样本分析资料的选择、研究内容以及研究方法等多角度来分析本研究的局限与不足，这些局限与不足也是未来研究的方向。

6.1　研究结论与讨论

在新经济环境背景下，智能互联时代的不确定性和高竞争性，以及消费行为多元化与用户体验需求升级的聚焦，使得企业必须进行组织变革，构建开放性的资源创新平台，与用户保持零距离接触，将企业的创新模式从传统内部封闭独立的创新，转变为能够有效整合各种优势资源的开放式创新。随着智能互联普及以及社交媒体的广泛渗透，作为具有典型开放式特征的资源创新平台——OUIC 得到快速发展，越来越多的知名企业通过构建自主运营 OUIC 获取社区用户知识，并激发用户参与到企业知识创新过程中，实现用户与企业价值共创的商业模式，成为企业创新战略的重要组成部分。智能互联信息技术的快速发展、OUIC 的兴起为企业提供了解决用户和企业共创价值层面知识管理与创新难题的平台，其相关方面的研究得到学术界广泛关注。在 OUIC 中，用户与企业以及用户与用户之间在线互动效应产生的用户生成内容，不仅是企业知识传播、交流、分享的载体，更是激发用户知识创新的新逻辑过程。随着 OUIC 技术的发展和成熟，一方面，OUIC 在新产品开发过程中，特别是前端创新环节蕴含的商业价值和影响力与日俱增，用户通过社区进行知识学习，不但能更好地利用已存在的知识，而且能创造出新知识，产生大量多样化的用户创意；另一方面，相对于企业封闭独立的内部创新，用户创新行为是相对开放和不可控的，加上有限的内部资源，用户参与前端创新环节产生的知识可能并不符合企业的战略目标和预期利益，即并不完全有利于企业的知识创新。基于这两方面的因素，企业在构建 OUIC 时会面临一个关键问题：如何根据企业的战略目标和资源激发用户创新行为，产生有利于企业的知识创新成果？本研究选择具有一定高新技术信息支撑的家用电器行业的 OUIC 为研究背景，基于企业对用户创新行为引导的视角，引入用户 IPM 这一重要研究变量，以信息传播理论、组织学习理论、知识管理理论以及信任理论等基础理论为支撑，结合 B/C 端创意主题发布模式、应用/探索式学习、用户知识创造力以及前端创新绩效等研究变量，构建在新经济环境下用户参与 OUIC 前端创新环节知识创造过程的理论模型，并采用情景实验法来进行实证验证。基于 3 个情景实验收集的样本数据，对研究中提出的理论模型与研究假设进行了统计分析检验，具体研究结论如下。

6.1.1 B/C 端创意主题对用户选择学习方式的影响作用

本研究 H_{1a} 与 H_{1b} 描述了用户在参与 OUIC 前端创新环节知识创造活动过程中，不同创意主题发布模式与用户选择学习方式之间的关系。H_{1a} 得到本研究实证的支持，表明在 B 端创意主题（企业主导发布）下，创意主题构思信息负载特征复杂性对用户选择应用式学习（$\beta = 0.203$，$p < 0.01$）有正向的影响作用；H_{1b} 得到本研究实证的支持，表明在 C 端创意主题（用户主导发布）下，创意主题构思信息负载特征隐含性与用户选择探索式学习（$\beta = 0.879$，$p < 0.001$）显著正相关。由

此可知，用户在参与 OUIC 前端创新环节知识创造活动过程中，不同创意主题发布模式下会对用户选择学习方式路径产生差异性影响，在 B 端创意主题（企业主导发布）下，用户倾向于选择应用式学习；在 C 端创意主题（用户主导发布）下，用户倾向于选择探索式学习。这一研究结论，在一定程度上清晰地揭示出用户在参与 OUIC 前端创新环节知识创造活动过程中，不同类型知识创造价值流路径机制。在 B 端创意主题（企业主导发布）下，创意主题构思信息主要涉及高复杂性低隐含性的专业技术信息知识，这类知识是社区用户相对比较缺乏的。在这种模式下会唤醒用户对企业以能力为主的认知信任，倾向于选择应用式学习。因此，企业应该重点对这类型知识进行宣传和推广，促进用户知晓、熟悉这种新的知识，及时解答社区用户的疑问，引导社区用户发表对新产品核心子系统相关创意开发方面的建议，为产品迭代创新收集宝贵的用户意见，更有利于企业深度开发利用此类知识。在 C 端创意主题（用户主导发布）下，创意主题构思信息主要涉及低复杂性高隐含性的消费者信息知识，而对于社区用户来说，这类知识不仅熟悉而且经验丰富。在这种模式下会唤起用户对企业的情感信任，进而促进用户之间的在线互动与分享，倾向于选择探索式学习。因此，企业应该重点激发用户多发布带有个体洞察与经验分享的异质性、多样化的消费知识信息，引导用户重点对新产品周边子系统相关创意进行开发。

6.1.2 应用/探索式学习对用户知识创造力的影响作用

本研究 H_{2a} 与 H_{2b} 描述了用户选择应用/探索式学习与用户知识创造力之间的关系。H_{2a} 得到本研究实证的支持，表明在 B 端创意主题（企业主导发布）下，用户的应用式学习与用户的知识创造力（$\beta = 0.512$，$p < 0.001$）显著正相关；H_{2b} 得到本研究实证的支持，表明在 C 端创意主题（用户主导发布）下，探索式学习与用户的知识创造力（$\beta = 0.274$，$p < 0.001$）显著正相关。由此可知，不同创意主题发布模式下，

社区用户学习方式的选择会对用户的知识创造力产生差异性影响。在B端创意主题（企业主导发布）下，用户的应用式学习会对用户的知识创造力产生正向影响；在C端创意主题（用户主导发布）下，用户的探索式学习会对用户的知识创造力产生正向影响。这一研究结论得出，社区用户学习是提高其知识创造力的关键途径，更是取得OUIC前端创新环节成功的重要基础。虽然不论社区用户选择应用式学习还是探索式学习，都会对其知识创造力产生正向影响作用，但是企业管理者需要注意区分不同类型的创意主题发布模式，从而从全局着手引导用户的学习，对用户选择不同学习方式进行互动与分享的过程进行主次有序的引导，增强用户知识创造力。

6.1.3 企业导入IPM时调节效用

本研究 H_3 描述了用户的知识创造力与前端创新绩效的关系。在情景实验1的实证结果分析中，H_3 得到了支持，表明在B端创意主题（企业主导发布）下，用户知识创造力与前端创新绩效（$\beta=0.368$，$p<0.01$）显著正相关；在C端创意主题（用户主导发布）下，用户知识创造力与前端创新绩效（$\beta=0.352$，$p<0.001$）显著正相关。由此可知，通过用户的学习能够提高知识创造力，产生大量的、多种多样的创意，能够在一定程度上提高前端创新绩效。但企业的管理者还需清晰地意识到由于用户创新行为是相对开放和不可控的，其中绝大多数的创意受公司战略和资源的限制并不符合企业目标价值，并不是所有的用户创意都有利于企业的发展与规划。如果以旁观者的姿态不加以引导地干预，企业在筛选用户创意以及后期的新产品开发项目中就会浪费大量的人力、财力，不仅会使前端创新环节效率低下，还会增加新产品上市失败的风险。因此，企业必须对用户创意产生过程进行合理适度的引导与干预。一方面，为了获得潜在可行性创新项目的均衡组合，企业必须激发社区用户发布足够数量和多样化的高质量创意；另一方面，由于企业

资源限制，需要严格筛选与优先发展具有高潜在市场价值的产品创意和概念。企业需要从创意组合的战略视角而非孤立的视角引导社区用户创新行为，产出有利于企业的知识创新行为。本研究 H_4 引入重要的研究变量 IPM，来验证其对用户知识创造力与前端创新绩效之间关系的调节作用。在情景实验 1 收集的样本数据，通过多层次回归实证分析，以上假设得到了验证。该分析结果表明，在 B 端创意主题（企业主导发布）下，创意战略和用户知识创造力交互项与前端创新绩效之间在 5% 水平下存在显著正相关关系（M_3：$\beta = 0.132$，$p < 0.05$）；过程形式化和用户知识创造力交互项与前端创新绩效之间在 1% 水平下存在显著正相关关系（M_7：$\beta = 0.162$，$p < 0.01$）；创意激励和用户知识创造力交互项与前端创新绩效之间在 1‰水平下存在显著正相关关系（M_{11}：$\beta = 0.260$，$p < 0.001$）。在 C 端创意主题（用户主导发布）下，创意战略和用户知识创造力交互项与前端创新绩效之间在 1% 水平下存在显著正相关关系（M_3：$\beta = 0.137$，$p < 0.01$）；过程形式化和用户知识创造力交互项与前端创新绩效之间在 5% 水平下存在显著正相关关系（M_7：$\beta = 0.161$，$p < 0.05$）；创意激励和用户知识创造力交互项与前端创新绩效之间在 1% 水平下存在显著正相关关系（M_{11}：$\beta = 0.147$，$p < 0.01$）。由此可知，不论是在 B 端创意主题（企业主导发布）下，还是在 C 端创意主题（用户主导发布）下，用户 IPM 都会对用户知识创造力与前端创新绩效之间的关系产生正向调节作用。这一研究结论在一定程度上丰富了先前的研究结果，清晰地划分出企业在 OUIC 扮演的管理角色，为企业在 OUIC 中的有效管理提供了理论支撑。

6.1.4 企业导入 IPM 最佳时机选择

本研究中 H_5 描述了在 B/C 端创意主题下，企业对用户在参与 OUIC 前端创新环节知识创造活动中，相对于不导入 IPM，导入 IPM 有利于提高用户知识创造力与前端创新绩效。为进一步比较在不同类型创意主题发布模式下，IPM 对用户知识创造力与前端创新绩效影响的差异性，本研究将 OUIC 前端创新环节细分为创意产生阶段（第一阶段）和创意发展阶段（第二阶段）来验证最佳导入时机。从情景实验 2 和情景实验 3 的实证结果分析中 H_5 得到了验证。独立样本 t 检验结果表明，在 B 端创意主题（企业主导发布）下，与无 IPM 导入组相比较，第一阶段导入 IPM 的用户知识创造力均值要显著大于无 IPM 导入组的知识创造力均值（M：$4.891 > 2.212$，$t = -21.028$，$p < 0.001$）；第一阶段导入 IPM 的用户前端创新绩效均值要显著大于无 IPM 导入组的前端创新绩效均值（M：$5.792 > 2.443$，$t = -24.301$，$p < 0.001$）。第二阶段导入 IPM 的用户知识创造力均值要显著大于无 IPM 导入组的知识创造力均值（M：$4.592 > 2.212$，$t = -17.897$，$p < 0.001$）；第二阶段导入 IPM 的用户前端创新绩效均值要显著大于无 IPM 导入组的前端创新绩效均值（M：$4.738 > 2.443$，$t = -14.868$，$p < 0.001$）。在 C 端创意主题（企业主导发布）下，与无 IPM 导入组相比较，第一阶段导入 IPM 的用户知识创造力均值要显著大于无 IPM 导入组的知识创造力均值（M：$4.619 > 2.242$，$t = 17.964$，$p < 0.001$）；第一阶段导入 IPM 的用户前端创新绩效均值要显著大于无 IPM 导入组的前端创新绩效均值（M：$4.724 > 2.527$，$t = -13.872$，$p < 0.001$）。第二阶段导入 IPM 的用户知识创造力均值要显著大于无 IPM 导入组的知识创造力均值（M：$4.942 > 2.242$，$t = 20.965$，$p < 0.001$）；第二阶段导入 IPM 的用户前端创新绩效均值要显著大于无 IPM 导入组的前端创新绩效均值（M：$5.798 > 2.527$，$t = -22.289$，$p < 0.001$）。由此，H_5 得到验证。这一研究结论指出，不论是在 B 端创意主题（企业主导发布）下，还是在 C 端创意主题（用户主导发布）下，企业管理者都需要对用户的创新行为进行引导，实施 IPM 也成为企业对 OUIC 管理的一种实践应用，增强用户知识创造力，提高前端创新绩效。

本研究中 H_{6a} 与 H_{6b} 描述了在不同创意主题发布模式下，企业对用户在参与 OUIC 前端创新环节知识创造过程中，不同阶段导入 IPM 的时机是有差异的。在情景实验 2 和情景实验 3 的实证结果分析中，H_{6a}与H_{6b}均得到了支持。独立样本 t 检验结果表明，在 B 端创意主题（企业主导发布）下，创意产生阶段（第一阶段）导入 IPM 的用户知识创造力均值，要大于创意发展阶段（第二阶段）导入 IPM 的用户知识创造力均值（M：$4.891>4.593$，$t=2.395$，$p<0.05$）；前端创新绩效均值，要显著大于创意发展阶段（第二阶段）导入 IPM 的用户前端创新绩效均值（M：$5.792>4.738$，$t=7.833$，$p<0.001$）。在 C 端创意主题（用户主导发布）下，创意发展阶段（第二阶段）导入 IPM 的用户知识创造力均值，要大于创意产生阶段（第一阶段）导入 IPM 的用户知识创造力均值（M：$4.942>4.619$，$t=-2.497$，$p<0.05$）；前端创新绩效均值要显著大于创意产生阶段（第一阶段）导入 IPM 的用户前端创新绩效均值（M：$5.798>5.263$，$t=-4.542$，$p<0.001$）。由此，H_{6a}与H_{6b}得到验证。这一研究结论指出，B 端创意主题（企业主导发布）下，前端创新环节的创意产生阶段（第一阶段）是用户导入 IPM 的最佳时机，有利于增强用户创造力与前端创新绩效；C 端创意主题（用户主导发布）下，前端创新环节的创意发展阶段（第二阶段）是导入用户 IPM 最佳时机，有利于增强用户知识创造力与前端创新绩效。这一研究结论也在一定程度上提示企业管理人员要把握 OUIC 前端创新环节管理的干预时机，最大限度地激发社区用户参与前端创新环节的积极性，产生有利于企业目标价值的知识创新。

6.1.5 企业导入 IPM 时函数曲线特征

本研究 H_{7a}与H_{7b}、H_{8a}与H_{8b}描述了在不同创意主题发布模式下，企业在用户参与 OUIC 前端创新环节知识创造过程中，不同阶段导入用户 IPM，拟合用户知识创造力与前端创新绩效函数曲线，来进一步验证用户 IPM 最佳导入时机。在情景实验 2 和情景实验 3 的实证结果分析中，以上假设均得到了支持。由一次方线性回归模型以及二次方回归模型实证结果表明，在 B 端创意主题（企业主导发布）下，一阶段导入用户 IPM 时，一次方线性回归结果显示（$F=37.582$，$R^2=0.410$），一次方线性回归模型中 b_1 为正，显著不为零（$b_1=0.641$，$p<0.001$），意味着用户创造知识力与前端创新绩效之间有一个显著的正向关系。二次方回归结果显示（$F=19.525$，$R^2=0.424$），R^2 指标提升，因此，二次方回归模型比一次方线性回归模型拟合更好。二次方回归模型结果（$b_2=0.125$，$p<0.001$）意味着回归曲线是下凹的，边际效用呈递增趋势；前端创新环节创意发展阶段（第二阶段）导入 IPM，一次方线性回归结果显示（$F=59.030$，$R^2=0.536$），一次方线性回归模型中 b_1 为正，显著不为零（$b_1=0.732$，$p<0.001$），意味着知识创造力与前端创新绩效之间有一个显著的正向关系。二次方回归模型结果显示（$F=33.738$，$R^2=0.574$），R^2 指标提升，因此，二次方回归模型比一次方线性回归模型拟合更好。二次方回归模型的结果（$b_2=-0.138$，$p<0.001$）意味着回归曲线是上凸的，但边际效用呈递减趋势。由此，H_{8a} 与 H_{8b} 得到验证。

在 C 端创意主题（用户主导发布）下，在前端创新环节创意产生阶段（第一阶段）导入用户 IPM，一次方线性回归结果显示（$F=41.022$，$R^2=0.441$），一次方线性回归模型中 b_1 为正，显著不为零（$b_1=0.664$，$p<0.001$），意味着用户知识创造力与前端创新绩效之间有一个显著的正向关系。二次方回归模型结果显示（$F=25.012$，$R^2=0.495$），R^2 指标提升，因此，二次方回归模型比一次方线性回归模型拟合更好。二次方回归模型的结果（$b_2=-0.174$，$p<0.001$）意味着回归曲线是上凸的，但边际效用呈递减趋势；在前端创新环节创意发展阶段（第二阶段）导入用户 IPM 时，一次方线性回归模型结果显示（$F=33.036$，$R^2=0.393$），一次方线性回归模型中 b_1 为正，显著不为零（$b_1=0.627$，$p<0.001$），意味着用户知识创造力与前端绩效之间

有一个显著的正向关系。二次方回归模型结果显示（$F=17.373$，$R^2=0.410$），R^2 指标提升，因此，二次方回归模型比一次方线性回归模型拟合更好。二次方回归模型的结果（$b_2=0.144$，$p<0.001$）意味着回归曲线是下凹的，且边际效用呈递增趋势。由此，H_{8a} 与 H_{8b} 得到验证。这一研究结论指出，在 B 端创意主题（企业主导发布）下，企业在用户参与 OUIC 前端创新环节知识创造过程中，创意产生阶段（第一阶段）为用户 IPM 导入的最佳时机；在 C 端创意主题（企业主导发布）下，创意发展阶段（第二阶段）为用户 IPM 导入的最佳时机。

6.2 研究的理论贡献

作为智能互联网时代具有典型开放式特征的资源创新平台 OUIC，其高成效和富有创新性的背景特性，成为企业利用外部资源获取用户创意取得前端创新成功的重要来源。纵观现有文献，很多学者仅仅是基于静态视角，从企业创新行为或用户创新行为研究虚拟社区知识创造的过程，但是虚拟社区特别是用户参与前端创新环节知识创造过程，是一系列活动组成的动态变化过程，且企业创新行为与用户创新行为是相辅相成的，并不能完全简单静态地隔离开。因此，本研究通过系统回顾梳理虚拟网络环境下，用户参与企业前端创新环节产品知识创新相关文献与研究结果，以信息传播理论、组织学习理论、信任理论以及知识创造理论等基础理论为支撑，选择具有一定高新技术信息支撑的家用电器行业 OUIC 作为研究背景，基于企业对用户创新行为引导的视角，引入 IPM 这一重要研究变量，采用动态纵向的研究方法，构建一个在新经济环境下，用户参与 OUIC 前端创新环节知识创造过程影响机制的理论模型。探讨了在不同创意主题发布模式（B 端创意主题或 C 端创意主题）下用户选择学习方式（应用/探索式学习）路径、用户知识创造力、前端创新绩效以及企业实施 IPM 之间的内在逻辑关系，对用户参与 OUIC 前端创新环节知识创造过程的应用与管理问题展开了多主体、多阶段、多角度、多学科系统全面性的研究。通过本研究严谨的理论演进与实证检验，归纳梳理出本研究的理论贡献与价值主要有以下 3 点。

首先，在用户参与 OUIC 前端创新环节知识创造过程中，厘清了在不同创意主题发布模式下，用户选择不同学习方式对其知识创造力的作用机制，拓展了用户参与企业知识创新的理论文献范围。本研究在文献梳理回顾的基础上，结合国内知名企业 OUIC 典型案例分析，不同创意主题发布模式，即 B 端创意主题（企业主导发布）与 C 端创意主题（用户主导发布）对用户选择学习方式（应用/探索式学习）的差异性影响作用，并进一步验证不同学习方式（应用/探索式学习）对其创造力与前端创新绩效的影响作用，在一定程度上清晰地分离出用户参与 OUIC 前端创新环节知识创造活动的路径机制。本研究从新的视角对用户参与 OUIC 企业产品知识创造活动进行了深入的研究与探讨，更是对用户参与企业产品创新战略理论支撑的重要补充。从用户参与企业产品知识创新相关的文献来看，现有研究大多聚焦于个体层面因素对参与企业产品创新的作用机制上，还较少涉及不同参与模式对其参与知识创造活动内在逻辑的影响作用。研究结论证实，在不同创意主题发布模式下，创意主题构思信息负载特征是用户选择学习方式差异性的内在因素。在 B 端创意主题模式（企业主导发布）下，创意主题构思信息是以高新专业技术信息知识为主，其创新任务一般围绕产品的核心子系统相关属性，信息负载特征具有高复杂性低隐含性。在此类创意主题模式下，可以唤起社区用户对企业认知的信任，进而激发用户选择应用式学习；在 C 端创意主题模式（用户主导发布）下，创意主题构思信息是以消费者信息知识为主，其创新任务一般围绕产品的周边子系统相关属性，信息负载特征具有低复杂性高隐含性，在此类创意主题模式下，可以唤起用户之间的情感信任，进而激发社区成员选择探索式学习。本研究结论在一定程度上补充了组织学习理论在网络环境下，用户参与企业产品知识创新方面的理论应用，从新的理论视角为研究用户知识创新管理提供了依据。

其次，深入探讨了企业在用户参与 OUIC 前端创新环节知识创造过程中的管理角色问题，为企业高效利用有限资源并选择所匹配的资源，引导用户知识创造力对不同类型产品知识进行有重点的创新，提供了新的研究视角。本研究通过对国内外创新文献的梳理与归纳发现，现存文献较少一部分是针对前端创新以及创造力的研究，而关于管理实践对前端创新和前端创新绩效作用机制的相关研究更是少见，并且学术界关于创新前端的管理控制方面研究具有争议。例如，行为控制扼杀创造力（Bonner，Ruekert and Walker Jr，2002），但是过程模式化又创造了改善沟通和协调能力的优势（刘新梅、赵旭、陈玮奕，2017）；一些研究强调为创新任务设置具体工作和有挑战性战略目标的重要性（Campbell and Furrer，1995），而其他的研究则指出这种做法阻碍了学习和创新（Poskela and Martinsuo，2009），等等。而 OUIC 作为企业利用外部资源获取用户创意取得新产品开发前端创新成功的重要创新平台，在企业创新战略模式中发挥的作用越来越大。但是，目前还不清楚企业在这样的创新社区中扮演什么样的角色。例如，企业参与太多往往被社区用户负面的感知侵扰，可能会影响用户的持续参与；而参与太少又被认为对社区用户提出的问题关注太少（Ponnamma Divakaran，2017）。因此，对于企业来说是否干预，如何干预，主动参与还是被动参与，直接管理还是间接管理至关重要。本研究从企业对用户创新行为引导的视角，引入 IPM 这一研究变量来验证企业实施 IPM 在用户知识创造力与前端创新绩效之间起到的正向调节作用，通过本研究对这些问题进行一定程度的探讨，为企业实施在线用户创新社区的管理实践提供新的研究视角。

最后，确定了企业对用户参与 OUIC 前端创新环节知识创造活动的最佳干预时机，拓展了企业对 OUIC 用户管理实践的理论框架。为了验证在不同创意主题发布模式（B 端创意主题或 C 端创意主题）下，用户参与 OUIC 前端创新环节知识创造过程不同阶段，企业实施管理干预时机是否具有差异性，本研究将前端创新环节细分为创意产生阶段（第一阶段）与创意发展阶段（第二阶段），来拟合不同类型的创意主题发布模式下，企业在不同阶段导入 IPM 时，用户知识创造力与前端创新绩效之间的函数曲线，通过函数曲线变化特征来验证这一观点。研究结论证实：在不同创意主题发布模式（B 端创意主题或 C 端创意主题）下，企业实施 IPM 干预时机确实存在差异性。在 B 端创意主题（企业主导发布）下，企业在前端创新环节的创意产生阶段（第一阶段）导入 IPM 为最佳干预时机，以及时引导用户知识创造力，进而提高前端创新绩效；在 C 端创意主题（用户主导发布）下，企业在前端创新环节创意发展阶段（第二阶段）导入 IPM 为最佳干预时机，以最大限度地激发用户知识创造力，辅助用户满足自己的消费需求。通过本研究揭示了用户参与 OUIC 前端创新环节知识创造过程，高（低）用户知识创造力形成的内在机制，并深刻理解前端创新绩效的动态纵向变化过程，为企业实施用户知识管理实践提供有价值的理论启示。

6.3 研究的实践启示

在新经济环境背景下，企业创新模式从传统的内部封闭式创新向更有效整合外部优势资源的开放式创新转变，具有典型开放式特征的 OUIC，成为企业搭建与外部资源双向互动价值共创平台的重要实践渠道，特别是其在新产品开发前端创新环节中的价值日益受到商界的关注。本研究通过探讨用户在参与 OUIC 前端创新环节知识创造活动中，不同创意主题发布模式对用户选择学习方式的差异性影响，以及从企业对用户创新行为引导的视角来验证用户知识创造力与前端创新绩效之间动态变化关系。在现有相关研究基础上进行了理论分析与演绎，进而厘清了在不同创意主题发布模式下，用户参与 OUIC 前端创新环节不同类型知识创造价值流的路径机制。确定了在不同创意主题发布模式下，企业实施 IPM 的最佳干预时机，采用案例分析、情景实验法等分析方法，对本研究中提出研究观点和结论的严谨性与合理性进行逐一检验。本研究从下面 3 个方面阐述企业实施 OUIC 管理时的实践意义。

（1）高效合理开发企业外部的创新资源，引入新知识来提高自身创新效率，推动新产品开发前端创新环节从企业内部独立研发模式转变为利用外部创新资源开放式创新模式。构建开放性的资源创新平台，与用户保持零距离接触，实现企业与用户价值共创的一种创新战略模式，是应对激烈市场竞争环境获取自身独特竞争优势的必经路径。伴随着移动互联、大数据和人工智能等技术的加速应用，数字化商业基础设施的成熟，各类高科技信息开发联盟、创新研发中心以及互联网创新参与交互平台等如雨后春笋般涌现，使得企业利用外部资源进行创新的氛围越来越浓，外部创新资源的渠道更加丰富，创新资源的多样化特征更加显著。特别是，用户个体的主动能力极大提高，其作为新产品的终端使用者，在利用网络表达需求意愿、提供新产品开发所需的市场信息、潜在问题的解决方案，以及相关创意对企业开发和完善新产品概念上具有巨大的创新价值。因此，OUIC 成为企业利用外部资源获取用户创意取得前端创新成功的重要创新平台，利用 OUIC 吸纳更加分散化与多元化的创新用户，利用其独特的消费经验、知识与自身的技术和创造力，与企业内部资源有机融合，通过用户个体性知识投入社区群体性知识产出的转化，再到符合企业目标价值的知识创新输出模式，已成为企业应对动态市场环境实施创新战略的关键。总之，在激烈竞争环境下的市场压力使得产品创新迫在眉睫，在用户参与产品创新氛围日益开放的环境下，企业要降低研发成本，提高自身的研发效率，就必须高效利用外部创新资源。进一步，从企业依靠内部知识创新的主导型逻辑思维模式转变为多方参与、共同创新的异质性知识创新逻辑思维模式，促进外部资源转变为符合企业目标价值的知识。

（2）企业管理人员需清晰地认识到企业在用户参与 OUIC 前端创新环节知识创造活动中发挥的角色作用，在最大限度地培养与激发社区用户知识创造力，以及提高前端创新绩效方面有着巨大的潜在价值，而其选择管理的最佳干预时机是至关重要的一步。因此，企业管理者应该根据不同的创意主题发布模式（B/C 端创意主题），选择前端创新环节不同阶段对用户创新行为进行引导，高效利用外部创新资源，促进用户创意生成与扩散，最终产生符合企业目标价值的知识创新。在 B 端创意主题（企业主导发布）下，企业管理人员在前端创新环节创意产生阶段（第一阶段）实施 IPM 进行引导干预，重点在于激发用户产生与产品核心子系统相关的创意。其关键点在于培养社区用户学习并推广企业相关的高新技术知识，将用户的需求与企业的高新技术相结合，使未来产品概念开发以及新产品上市能够得到市场的认同。在 C 端创意主题（用户主导发布）下，企业管理人员在前端创新环节创意发展阶段（第二阶段）实施 IPM 进行引导干预，重点在于激发用户产生与产品周边子系统相关的创意。其关键点在于收集用户反馈意见，鼓励用户表达个性化、多样化的需求，协助用户积极解决潜在问题，为完善与提高用户体验流程提供高质量的精准服务。

（3）建立有效的用户参与 OUIC 企业知识创新系统保障体系。企业管理者需深刻地意识到 OUIC 不仅是企业品牌推广与战略执行的重要基地，更是一个强大有效、多样化的社区用户社会网络，是企业内部资源与外部资源进行双向流动的关键渠道。企业与社区用户是一种相互依附、互为学习的动态关系，企业在对用户知识创造力利用过程中，除了强化符合企业目标价值知识的吸收、转化和利用外，还应充分认识到用户参与企业知识创新过程的复杂性。为此，建立一套有效的运营和保障体系，是企业实现高效利用外部分散性创新资源、提高自身发展能力的基础，而相应的知识创新管理机制作为实现其开放性创新、制度性保障的关键，其意义尤为重大。

6.4 研究局限性和未来展望

虽然本研究在一定程度上拓展并充实了此领域的研究内容，但是由于受自身学术水平、时间、精力和不可控因素的影响，同时，鉴于本研究对象与问题在现实中纷繁复杂，所以不可避免地存在一定的局限性。针对本研究存在的局限性和不足，今后的研究可从以下 3 个方面进行深化。

（1）情景实验材料和情景实验人员方面的局限性以及未来研究展望。本研究在情景实验中使用的实验材料都选自 OUIC 中真实存在的案例材料，在案例材料筛选的过程中，本研究通过网络以及现实生活中的调查，同时向本研究领域的老师、同学以及业界专业人士咨询后，参考其建议，经过仔细斟酌后确定在海尔集团用户交互智能定制平台上，选择内容丰富、主题明确并表达清晰的高质量案例材料。虽然情景实验中的实验材料最终选择是由实验中的社区用户创意引导小组来确定，但是由于受社区用户创意引导小组本身教育程度、年龄、职业，以及对 OUIC 等新兴技术的接受能力及熟悉程度的限制，再加上受海尔智能定制平台行业性质、企业知名度以及产品特质的影响，其上面的案例材料代表的普适性存在一定的局限性。未来研究一方面需要考虑从多个 OUIC 中获取案例材料；另一方面可以直接以 OUIC 中发表的创意主题作为情景实验数据分析的材料，将其合理转化为可衡量的研究变量。

另外，关于本研究中情景实验人员的招募也存在一定的局限性。由于情景实验人员数量较多，本研究无法在海尔智能定制平台上招募到足够数量的被试人员。未来研究需要突破这方面的限制，一方面可以从多个 OUIC 中选取注册用户作为被试者，另一方面可以直接在这些 OUIC 中下载用户的资料数据作为研究的分析数据。

（2）研究结论普适性方面的局限性以及未来研究展望。本研究以具有一定高新技术产品的行业为研究背景，并且在案例分析获取实验材料中以家用电器作为情景实验材料，但是由于行业选取和抽样方式的限制，本研究结论能否适用其他行业和企业还需要进一步验证，尤其是要从更广泛的层面上看，充分考虑行业品牌的能力、类别以及企业其他资源能力等因素的影响。

（3）研究方法上的局限性以及未来展望。本研究主要采用了文献研究、案例研究、情景实验法以及统计分析等研究方法，运用横截面的研究设计和理论模型，构建结构方程模型、多层次回归模型以及多元线性回归模型对所收集的样本数据进行分析处理。但由于现实条件限制，本研究缺乏多案例的对比研究，也未能深入地探讨本研究提出的研究假设，以及得出的研究结论在管理实践中的有效性与合理性。此外，本研究中采用的情景实验方法，实验场景与现实中社区用户参与 OUIC 前端创新环节的场景有一定程度的不同，被试者可能进入不到与现实场景中相同的心理以及行动状态。后续研究可以多个 OUIC 中的真实场景作为取样场地，将社区中的用户各类数据进行合理量化，提高研究的真实性和准确性。

参考文献

[1] ALAVI M, LEIDNER D E. Knowledge management systems: Issues, challenges, and benefits [J]. Communications of the association for information systems, 1999 (1): 1 -35.

[2] AMABILE, TERESA M, et al. Assessing the work environment for creativity [J]. Academy of management journal, 1996, 39 (5): 1154 -1184.

[3] ARGOTE L. Organizational learning: Creating, retaining and transferring knowledge [M]. New York: Springer, 2012: 45 -75.

[4] ARGYRIS C, SCHÖN D A. Organizational learning: A theory of action perspective [M] . Massa Chusetts: Addison - Wesley, Reading, 1978.

[5] ARTTO K, MARTINSUO M, DIETRICH P, et al. Project strategy: Strategytypes and their contents in innovation projects [J]. International journal of managing projects in business, 2008, 1 (1): 49 -70.

[6] ATUAHENE - GIMA K, MURRAY J Y. Exploratory and exploitative learning in new product development: A social capital perspective on new technology ventures in China [J]. Journal of international marketing, 2007, 15 (2): 1 -29.

[7] BACKMAN M, BORJESSON S, SETTERBERG S. Working with conceptsin the fuzzy front end: Exploring the context for innovation for different types of concepts at volvo cars [J]. R&D management, 2007, 37 (1): 17 -28.

[8] BAGOZZI R P, DHOLAKIA U M. Intentional social action in virtual communities [J]. Journal of interactive marketing, 2002, 16 (2):

2 – 21.

[9] BARRON F, HARRINGTON D M. Creativity, intelligence, and personality [J]. Annual review of psychology, 1981, 32 (1): 439 – 476.

[10] BERTELS H M, KLEINSCHMIDT E J, KOEN P A. Communities of practice versus organizational climate: Which one matters more to dispersed collaboration in the front end of innovation? [J]. Journal of product innovation management, 2011, 28 (5): 757 – 772.

[11] BONNER J M, RUEKERT R W, WALKER JR O C. Upper management control of new product development projects and project performance [J]. Journal of product innovation management, 2002, 19 (3): 233 – 245.

[12] BOURDON I, KIMBLE C, TESSIER N. Knowledge sharing in online communities: The power game [J]. Journal of business strategy, 2015, 36 (3): 11 – 17.

[13] BRUN E, SAETRE A S. Ambiguty reduction in new product development projects [J]. International journal of innovation management, 2008, 12 (4): 573 – 596.

[14] BRUN E, SAETRE A S, GJELSVIK M. Classification of ambiguity in new product development projects [J]. European journal of innovation management, 2009, 12 (1): 62 – 85.

[15] BURNETT G, BUERKLE H. Information exchange in virtual communities: A comparative study [J]. Journal of computer – mediated communication, 2004, 9 (2): 29 – 36.

[16] CAMPBELL D J, FURRER D M. Goal setting and competition as determinants of task performance [J]. Journal of organizational behavior, 1995, 16 (4): 377 – 389.

[17] CHIVA R, ALEGRE J. Organizational learning and organizational knowledge: Towards the integration of two approaches [J]. Management

learning, 2005, 36 (1): 49 –68.

[18] CLARK M C, PAYNE R L. The nature and structure of workers' trust in management [J]. Journal of organizational behavior: The international journal of industrial, occupational and organizational psychology and behavior, 1997, 18 (3): 205 –224.

[19] COOPER R G, KLEINSCHMIDT E J. New products: What separates winners from losers? [J]. Journal of product innovation management, 1987, 4 (3): 169 –184.

[20] COOPER R G. Predevelopment activities determine new product success [J]. Industrial marketing management, 1988, 17 (3): 237 –247.

[21] COOPER R G, KLEINSCHMIDT E J. Screening new products for potential winners [J]. Long range planning, 1993, 26 (6): 74 –81.

[22] COOPER R G, EDGETT S J, KLEINSCHMIDT E J. Portfolio management for new products [M]. Cambridge, MA: Perseus Books, 2001: 67 –76.

[23] COOPER R G, EDGETT S J, KLEINSCHMIDT E J. Benchmarking best nPd Practices – I. culture, climate, teams, and senior management's role [J]. Research – technology management, 2004 (3): 31 –59.

[24] COSER L A, BARBER B. The logic and limits of trust [J]. Political science quarterl, 1983, 2 (3): 77 –78.

[25] CRAWFORD V P, SOBEL J. Strategic information transmission [J]. Econometrica: journal of the econometric society, 1982, 148 (5): 1431 –1451.

[26] CYERT R M, MARCH J G. A behavioral theory of the firm [J]. Englewood cliffs, NJ, 1963 (2): 169 –187.

[27] DAHLANDER L, WALLIN M W. A man on the inside: Unloc-

king communities as complementary assets [J]. Research policy, 2006, 35 (8): 1243 - 1259.

[28] DANNEELS E. The dynamics of product innovation and firm competences [J]. Strategic management journal, 2002, 23 (12): 1095 - 1121.

[29] DECAROLIS D M, DEEDS D L. The impact of stocks and flows of organizational knowledge on firm performance: An empirical investigation of the biotechnology industry [J]. Strategic management journal, 1999, 20 (10): 953 - 968.

[30] DEMAREST M. Understanding knowledge management [J]. Long range planning, 1997, 30 (3): 374 - 384.

[31] DEMSETZ H. The theory of the firm revisited [J]. Journal of law, economics, & organization, 1988, 4 (1): 141 - 161.

[32] DE VALCK K, VAN BRUGGEN G H, WIERENGA B. Virtual communities: A marketing perspective [J]. Decision support systems, 2009, 47 (3): 185 - 203.

[33] DODGSON M. Organizational learning: A review of some literatures [J]. Organization studies, 1993, 14 (3): 375 - 394.

[34] DONATH J S. Identity and deception in the virtual community [M] //Communities in cyberspace. London: Routledge, 2002: 37 - 68.

[35] EISENHARDT K M, SANTOS F M. Knowledge - based view: A new theory of strategy [J]. Handbook of strategy and management, 2002, 1 (1): 139 - 164.

[36] ERNST H, KOHN S. Organisational culture and fuzzy front end performance in new product development [J]. Zeitschrift für Betriebswirtschaft, 2007, 77 (2): 123 - 140.

[37] FANG C, LEE J, SCHILLING M A. Balancing exploration and

exploitation through structural design [J]. The isolation of subgroups and organizational learning, 2010, 21 (3): 625 - 642.

[38] FARMER S M, TIERNEY P, KUNG - MCINTYRE K. Employee creativity in Taiwan: An application of role identity theory [J]. Academy of management journal, 2003, 46 (5): 618 - 630.

[39] FIOL C M, LYLES M A. Organizational learning [J]. Academy of management review, 1985, 10 (4): 803 - 813.

[40] FLEUR D, MELVIN L. Mass communication and social change [J]. Social forces, 1966, 44 (3): 314 - 326.

[41] FRISHAMMAR J, FLOREN H, WINCENT J. Beyond managing uncertainty: Insights from studying equivocality in the fuzzy front end of product and process innovation projects [J]. IEEE transactions on engineering management, 2011, 58 (3): 551 - 563.

[42] FURLONG M S. An electronic community for older adults: The seniornet network [J]. Journal of communication, 1989, 39 (3): 145 - 153.

[43] GAMBETTA D. Concatenations of mechanisms [J]. Social mechanisms: An analytical approach to social theory, 1998, 44 (5): 102 - 124.

[44] GARRISON D R. Online community of inquiry review: Social, cognitive, and teaching presence issues [J]. Journal of asynchronous learning networks, 2007, 11 (1): 61 - 72.

[45] GIDDENS A . Modernity and self - identity: Self and society in the late modern age [M]. Cambridge: Stanford University Press, 1991: 91.

[46] GIDDENS T. Introduction [M]. Graphic Justice: Routledge, 2015: 15 - 21.

[47] GOLDSBOROUGH B, REID. Tracking down people with a little help from the internet (personal computing) [J]. Black issues in higher

education, 2002, 19 (19): 25 - 36.

[48] GOLD A H, MALHOTRA A, SEGARS A H. Knowledge management: An organizational capabilities perspective [J]. Journal of management information systems, 2001, 18 (1): 185 - 214.

[49] GOPALAKRISHNAN S, BIERLY P, KESSLER E H. A reexamination of product and processinnovations using a knowledge - based view [J]. Journal of high technology management research, 1999, 10 (1): 147 - 166.

[50] GRANT R M. Toward a knowledge - based theory of the firm [J]. Strategic management journal, 1996, 17 (S2): 109 - 122.

[51] GRANT R M, BADEN - FULLER C. A knowledge accessing theory of strategic alliances [J]. Journal of management studies, 2004, 41 (1): 61 - 84.

[52] GUPTA S, KIM H W. Enhancing the commitment to virtual community: A belief and feeling based approach [J]. ICIS 2004 proceedings, 2004 (9): 101 - 113.

[53] HAU Y S, KIM Y G. Why would online gamers share their innovation - conducive knowledge in the online game user community? integrating individual motivations and social capital perspectives [J]. Computers in human behavior, 2011, 27 (2): 956 - 970.

[54] HAU Y S, KANG M. Extending lead user theory to users' innovation - related knowledge sharing in the online user community: The mediating roles of social capital and perceived behavioral control [J]. International journal of information management, 2016, 36 (4): 520 - 530.

[55] HEATH T B, CHATTERJEE S, BASUROY S, et al. Innovation sequences over iterated offerings: A relative innovation, comfort, and stimulation framework of consumer responses [J]. Journal of marketing, 2015, 79 (6): 71 - 93.

[56] HIENERTH C, LETTL C. Exploring how peer communities enable lead user innovations to become standard equipment in the industry: Community pull effects [J]. Journal of product innovation management, 2011, 28 (s1): 175 – 195.

[57] HILL W, STEAD L, ROSENSTEIN M, et al. Recommending and evaluating choices in a virtual community of use [C] //Proceedings of the SIGCHI Conference on Human Factors in Computing Systems. ACM Press/Addison – Wesley Publishing Co, 1995: 194 – 201.

[58] HOFFMAN D L, NOVAK T P. Marketing in hypermedia computer – mediated environments: Conceptual foundations [J]. The journal of marketing, 1996, 60 (3): 50 – 68.

[59] HORTON F W. Information resources management: Concept and cases [J]. Association for systems management, 1979, 35 (5): 35.

[60] HO Y C, TSAI C T. Front end of innovation of high technology industries: The moderating effect of front – end fuzziness [J]. Journal of high technology management research, 2011, 22 (1): 47 – 58.

[61] HUANG Y, SINGH P V, SRINIVASAN K. Crowdsourcing new product ideas under consumer learning [J]. Management science, 2014, 60 (9): 2138 – 2159.

[62] HUBER G P. Organizational learning: The contributing processes and the literatures [J]. Organization science, 1991, 2 (1): 88 – 115.

[63] JARNO P, MARTINSUO M. Management control and strategic renewal in the front end of innovation [J]. Journal of product innovation management, 2009, 26 (6): 671 – 684.

[64] JING Z, GEORGE J M. When job dissatisfaction leads to creativity: "Encouraging the expression of voice" [J]. Academy of management journal, 2001, 44 (4): 682 – 696.

[65] JONES Q, RAFAELI S. What do virtual "tells" tell? placing cybersociety research into a hierarchy of social explanation [C]. Hawaii International Conference on System Sciences: IEEE Computer Society, 2000: 1011.

[66] JONES S. Understanding community in the information age [Z]. Sage, California, 1995: 91.

[67] KAHN B K, FRANZAK F, GRIFFIN A, et al. Editorial: Identification and consideration of emerging research questions [J]. Journal of product innovation management, 2003, 20 (3): 193-201.

[68] KHURANA A, ROSENTHAL S R. Integrating the fuzzy front end of new product development [J]. Sloan management review, 1997, 38 (2): 103-120.

[69] KHURANA A, ROSENTHAL S R. Towards holistic "front ends" in new product development [J]. Journal of product innovation management, 1998, 15 (1): 57-74.

[70] KIM J, WILEMON D. Focusing the fuzzy front-end in new product development [J]. R&D management, 2002, 32 (4): 269-279.

[71] KOCK A, HEISING W, GEMUNDEN H G. How ideation portfolio managemet influences front-end success [J]. Journal of product innovation management, 2015, 32 (4): 539-555.

[72] KOEN P, AJAMIAN G, BURKART R, et al. Providing clarity and a common language to the fuzzy front end [J]. Reseach technology management, 2001, 44 (2): 46-55.

[73] KOESTLER A. The act of creation [M]. London: The Mac-Millan Press, 1964: 79-90.

[74] KOGUT B, ZANDER U. Knowledge of the firm, combinative capabilities, and the replication of technology [J]. Organization science,

1992, 3 (3): 383 -397.

[75] KOLMOGOROV A N. Theory of information transmission [C] //Meeting of the USSR Academy of Sciences on Scientific Problems of Production Automatisation, 1956: 66 - 99.

[76] KOMIAK S X, BENBASAT I. Understanding customer trust in agent - mediated electronic commerce, web - mediated electronic commerce, and traditional commerce [J]. Information technology and management, 2004, 5 (1 -2): 181 -207.

[77] KREISER P M. Entrepreneurial orientation and organizational learning: The impact of network range and network closure [J]. Entrepreneurship theory and practice, 2011, 35 (5): 1025 - 1050.

[78] KUMAR N M, GILULA N B. The gap junction communication channel [J]. Cell, 1996, 84 (3): 381 -388.

[79] LANGERAK F, JAN HULTINK E, ROBBEN H S J. The role of predevelopment activities in the relationship between market orientation and performance [J]. R&D management, 2004, 34 (3): 295 -309.

[80] LASSWELL H D. The Prospects of cooperation in a bipolar world [J]. University of Chicago law review, 1948, 15 (4): 877 -901.

[81] LAVE J, WENGER E. Situated learning: Legitimate peripheral participation [M]. Cambridge: Cambridge University Press, 1991.

[82] LEE M K O, TURBAN E. A trust model for consumer internet shopping [J]. International journal of electronic commerce, 2001, 6 (1): 75 -91.

[83] LEVITT B, MARCH J G. Organizational learning [J]. Annual review of sociology, 1988, 14 (1): 319 -338.

[84] LEWIS J D, WEIGERT A. Trust as a social reality [J]. Social forces, 1985, 63 (4): 967 -985.

[85] LEWICKI R J, BUNKER B B. Developing and maintaining trust in work relationships [J]. Trust in organizations: Frontiers of theory and research, 1996 (114): 139.

[86] LUEG C. Information dissemination in virtual communities as challenge to real world companies [M] //Towards the E – Society, Boston, MA: Springer, 2001: 261 – 270.

[87] LUHMANN N. Trust and power chichester [M]. West Sussex: United Kingdom John Wiley and Sons, Inc, 1979.

[88] LUHMANN N, SCHORR K E. Reflexions probleme im Erziehungssystem [M]. Stuttgart: Klett – Cotta, 1979.

[89] LUHMANN N. Social systems [M]. California: Stanford University Press, 1995.

[90] LUHMANN N. Trust and power [M]. Cambridge: Polity Press, 2017.

[91] LUMPKIN G T, LICHTENSTEIN B B. The role of organizational learning in the opportunity - recognition process [J]. Entrepreneurship theory and practice, 2005, 29 (4): 451 – 472.

[92] MAHR D, LIEVENS A. Virtual Lead user communities: Drivers of knowledge creation for innovation [J]. Research policy, 2012, 41 (1): 167 – 177.

[93] MARCH J G. Exploration and exploitation in organizational learning [J]. Organization science, 1991, 2 (1): 71 – 87.

[94] MARTINSUO M, POSKELA J. Use of evaluation criteria and innovation performance in the front end of innovation [J]. Journal of product innovation management, 2011, 28 (6): 896 – 914.

[95] MCALLISTER D J. Affect and cognition – based trust as foundations for interpersonal cooperation in organizations [J]. Academy of manage-

ment journal, 1995, 38 (1): 24 -59.

[96] MCKNIGHT D H, CHOUDHURY V, KACMAR C. Developing and validating trust measures for e - commerce: An integrative typology [J]. Information systems research, 2002, 13 (3): 334 -359.

[97] MILLIKEN F J, MARTINS L L. Searching for commonthreads: Understanding the multiple effects of diversity in organizational groups [J]. Academy of management review, 1996, 21 (2): 402 -433.

[98] MOENAERT R K, MEYER A D, Souder W E, et al. R&D - Marketing communications during the fuzzy front end [J]. IEEE transactions on engineering management, 1995, 42 (3): 243 -258.

[99] MUMFORD M D. Managing creative people: Strategies and tactics for innovation [J]. Human resource management review, 2000, 10 (3): 313 -351.

[100] MURPHY S A, KUMAR V. The role of predevelopment activities and firm attributes in new product success [J]. Technovation, 1996, 16 (8): 431 -449.

[101] NAMBISAN S. Designing Virtual customer environments for new product development: toward a theory [J]. Academy of management review, 2002, 27 (3): 392-413.

[102] NEVIS E C, DIBELLA A J, GOULD J M. Understanding organizations as learning systems [J]. Strategic management of intellectual capital, 1995, 36 (2): 121 -139.

[103] NONAKA I. A dynamic theory of organizational knowledge creation [J]. Organization science, 1994, 5 (1): 14 -37.

[104] PAAVOLA S, KAI H. Models of innovative knowledge, communities and three metaphors of learning [J]. Review of educational research, 2004, 74 (74): 557 -576.

[105] PÉREZ – LUÑO A, MEDINA C C, LAVADO A C, et al. How social capital and knowledge affect innovation [J]. Journal of business research, 2011, 64 (12): 1369 – 1376.

[106] PISANO G P, VERGANTI R. Which kind of collaboration is right for you? [J] . Harvard business review, 2008, 86 (12): 78 – 96.

[107] PONNAMMA DIVAKARAN P K. Idea – generation communities: When should host firms intervene? [J]. Journal of business strategy, 2017, 38 (6): 80 – 88.

[108] PORTER R. Mechanism design for onlinereal – time scheduling [C] // Proc. ACM Conference on Electronic Commerce, 2004: 61 – 70.

[109] POSKELA J, MARTINSUO M. Management control and strategic renewal in the front end of innovation [J]. Journal of product innovation management, 2009, 26 (6) : 671 – 684.

[110] REINERTSEN D. Streamlining the fuzzy front end [J]. World class design to manufacture, 1994 (5): 4 – 8.

[111] REMPEL J K, HOLMES J G, ZANNA M P. Trust in close relationships [J]. Journal of personality & social psychology, 1985, 49 (1): 95 – 112.

[112] RHEINGOLD H. Virtual community: Homesteading on the electronic frontier [M]. Cambridge, MA: The Mit Press, 2002: 102 – 123.

[113] ROMM C, PLISKIN N, CLARKE R. Virtual communities and society: Toward an integrative three phase model [J]. International journal of information management, 1997, 17 (4): 261 – 270.

[114] RUSSELL R K, TIPPETT D D. Critical success factors for the fuzzy front end of innovation in the medical device industry [J]. Engeering management journal, 2008, 20 (3): 36 – 43.

[115] SAKO M. Price, quality and trust: Inter – firm relations in

Britain and Japan [M]. Cambridge: Cambridge University Press, 1992.

[116] SALOMO S, WEISE J, GEMÜNDEN H G. NPD planning activities and innovation performance: The mediating role of process management and the moderating effect of product innovativeness [J]. Journal of product innovation management, 2007, 24 (4): 285 - 302.

[117] SALOMO S, MENSEL N. Front - end idea generation for innovation: Empirical evidence from german industrial corporations [J]. Management of engineering and technology, 2001, 8 (2): 117 - 123.

[118] SANDMEIER P, JAMALI N, KOBE C, et al. Towards a structured and integrative front end of product innovation [C]. Lisbon, 2004: 23 - 31.

[119] SCHULZE A, HOEGL M. Organizational knowledge creation and the generation of new product ideas: A behavioral approach policy [J]. Research 2008, 37 (10): 1742 - 1750.

[120] SENGE P. The art and practice of the learning organization [J]. The new paradigm in business: Emerging strategies for leadership and organizational change, 1990: 126 - 138.

[121] SHALLEY, C E. Effects of productivity goals, creativity goals, and personal discretion on individual creativity [J]. Journal of applied psychology, 1991 (76): 179 - 185.

[122] SHALLEY C E, ZHOU J, OLDHAM G R. The effects of personal and contextual characteristics on creativity: Where should we go from here? [J]. Journal of management, 2004, 30 (6): 933 - 958.

[123] SHANNON C, WEAVER W. The mathematical theory of communication [J]. The Bell system technical journal, 1948, 27 (4): 379 - 423.

[124] SIBAI O, VALCK K, FARRELL A M, et al. Social control in online communities of consumption: A framework for community management

[J]. Psychology & marketing, 2015, 32 (3): 250 - 264.

[125] SRIDHAR BALASUBRAMANIAN V M. The economic leverage of the virtual community [J]. International journal of electronic commerce, 2001, 5 (3): 103 - 138.

[126] SUBRAMANIAM M, VENKATRAMAN N. Determinants of transnational new product development capability: Testing the influence of transferring and deploying tacit overseas knowledge [J]. Strategic management journal, 2001, 22 (4): 78 - 359.

[127] SUNDBO J. The Balancing of Empowerment. A strategic resource based model of organizing innovation activities in service and low - tech firms [J]. Technovation, 1996, 16 (8): 397 - 409.

[128] SVEIBY K E. The new organizational wealth: Wanaging & measuring knowledge - based assets [M]. San Francisco, CA: Berrett - Koehler Publishers, 1997.

[129] SWAN J, NEWELL S, ROBERTSON M. Limits of it - driven knowledge management initiatives for interactive innovation processes: Towards a community - based approach [C] // Hawaii International Confere - nce on System Sciences. IEEE, 2000: 1013.

[130] TALKE K, SALOMO S, ROST K. How top management team diversity affects innovativeness and performance via the strategic choice to focus on innovation fields [J]. Research policy, 2010, 39 (7): 907 - 918.

[131] TURKLE S. Virtuality and its discontents: Searching for community in cyberspace [J]. The American prospect, 1996 (24): 384 - 403.

[132] TZABBAR D, AHARONSON B S, AMBURGEY T L. When does tapping external sources of knowledge result in knowledge integration? [J]. Research policy, 2013, 42 (2): 481 - 494.

[133] ULRIKE B, REID S E. The fuzzy front end of discontinuous in-

novation: Insights for research and management [J]. Journal of product innovation management, 2012, 29 (1): 70 - 87.

[134] VAN G M, VISSER M. Empowerment, knowledge conversion and dimensions of organizational learning [J]. The learning organization, 2011, 18 (5): 378 - 391.

[135] VERGANTIR. Leveraging on systemic learning to manage the early phases of product innovation projects [J]. R&D management, 1997, 27 (4): 377 - 392.

[136] VERWORN B, HERSTATT C, NAGAHIRA A. The fuzzy front end of Japanese new product development projects: Impact on success and differences between incremental and radical projects [J]. R&d management, 2008, 38 (1): 1 - 19.

[137] VERWORN B. A structural equation model of the impact of the "fuzzy front end" on the success of new product development [J]. Research policy, 2009, 38 (10): 1571 - 1581.

[138] VON HIPPEL E. "Sticky information" and the locus of problem solving: Implications for innovation [J]. Management science, 1994, 40 (4): 429 - 439.

[139] VON HIPPEL E. Horizontal innovation networks by and for users [J]. Industrial and corporation change, 2007, 16 (2): 293 - 315.

[140] WANG E S T, CHEN L S L. Forming relationship commitments to online communities: The role of social motivations [J]. Computers in human behavior, 2012, 28 (2): 570 - 575.

[141] WASKO M M L, TEIGLAND R, FARAJ S. The provision of online public goods: Examining social structure in an electronic network of practice [J]. Decision support systems, 2009, 47 (3): 254 - 265.

[142] WEBSTER F. Theories of the information society [M]. New

York: Routledge, 2014: 87 –96.

[143] WERTHEIMER M. Productive thinking [M]. New York: Harper, 1959: 35 –45.

[144] WHITENER E M, BRODT S E, KORSGAARD M A, et al. Managers as initiators of trust: An exchange relationship framework for understanding managerial trustworthy behavior [J]. Academy of management review, 1998, 23 (3): 513 –530.

[145] WILLIAMS R L, COTHREL J. Four smart ways to run online communities [J]. MIT Sloan management review, 2000, 41 (4): 81.

[146] YAAKOBI E, GOLDENBERG J. Social relationships and information dissemination in virtual social network systems: An attachment theory perspective [J]. Computers in human behavior, 2014, 38: 127 –135.

[147] ZAHRA S A. Environment, corporate entrepreneurship, and financial performance: A taxonomic approach [J]. Journal of business venturing, 1993, 8 (4): 319 –340.

[148] ZAHRA S A, NIELSEN A P, BOGNER W C. Corporate entrepreneurship, knowledge, and competence development [J]. Entrepreneurship theory and practice, 1999, 23 (3): 169 –189.

[149] ZAHRA S A, IRELAND R D, HITT M A. International expansion by new venture firms: International diversity, mode of market entry, technological learning and performance [J]. Academy of management journal, 2000, 43 (5): 925 –950.

[150] ZAHRA S A. Organizational learning and entrepreneurship in family firms: Exploring the moderating effect of ownership and cohesion [J]. Small business economics, 2012, 38 (1): 51 –65.

[151] ZHANG Q, DOLL W J. The fuzzy front end and success of new product development: A causal model [J]. European journal of innovation

management, 2001, 4 (2): 95 - 112.

[152] ZHOU J. When the presence of creative coworkers is related to creativity: Role of supervisor close monitoring, developmental feedback, and creative personality [J]. Journal of applied psychology, 2003, 88 (3): 413 - 422.

[153] ZHOU J, GEORGE J M. When job dissatisfaction leads to creativity: Encouraging the expression of voice [J]. Academy of management journal, 2001, 44 (4): 682 - 696.

[154] ZUCKER L G. Production of trust: Institutional sources of economic structure, 1840—1920 [J]. Research in organizational behavior, 1986, 8 (2): 53 - 111.

[155] 曹勇，李娜. 顾客导向与产品创新的前端管理研究 [J]. 中国科技论坛, 2011 (1): 64 - 69.

[156] 曹勇，向阳. 基于开放式创新的新产品开发 FFE 模型研究 [J]. 管理评论, 2011, 23 (10): 49 - 55.

[157] 陈喜乐. 网络时代知识创新中的信息传播模式与机制 [D]. 厦门: 厦门大学, 2006.

[158] 陈劲，高金玉. 复杂产品系统创新的 FFE 影响因素分析 [J]. 管理学报, 2005, 2 (3): 281 - 290.

[159] 代军. 新产品开发中 FFE 的评价与管理研究 [J]. 科技管理研究, 2016 (8): 201 - 204.

[160] 董泽稼，许正良. 基于网络社区的企业信息行为研究 [J]. 情报理论与实践, 2013, 36 (11): 86 - 89.

[161] 董泽稼. 基于网络社区的企业信息行为对品牌关系质量影响的研究 [D]. 长春: 吉林大学, 2013.

[162] 丁志慧，刘伟，黄紫微. 面向用户创新社区的企业知识创新价值链模型研究 [J]. 科技进步与对策, 2015, 32 (12): 129 - 133.

［163］杜阳．团队特征、二元学习与新产品开发绩效关系研究［D］．长春：吉林大学，2014.

［164］段海超．基于知识管理的企业学习型组织建设研究［D］．北京：北京交通大学，2014.

［165］房文涛．基于网络购物流程的消费者信任影响因素研究［D］．济南：山东大学，2011.

［166］冯建民．现代企业组织学习理论研究述评［J］．深圳大学学报（人文社会科学版），2001，18（2）：59－64.

［167］谷斌，徐菁，黄家良．专业虚拟社区用户分类模型研究［J］．情报杂志，2014，33（5）：203－206.

［168］贯君．虚拟社区信息运动互动机制与规律研究［D］．长春：吉林大学，2015.

［169］郭润萍．高技术新创企业知识整合、创业能力与绩效关系研究［D］．长春：吉林大学，2015.

［170］郭尉．管理者认知、外部知识搜寻对企业创新绩效影响的研究［D］．成都：西南财经大学，2016.

［171］胡吉明．社会网络环境下的信息传播机制［J］．情报科学，2015，33（1）：15－18.

［172］姜洪涛，邵兵家，许博．基于 OCB 视角的虚拟社区知识共享影响因素研究［J］．情报杂志，2008，27（12）：152－154.

［173］江屏，孙建广，张换高，等．FFE 驱动的产品创新设计过程与应用［J］．计算机集成制造系统，2013，19（2）：370－381.

［174］金立印．虚拟品牌社群的价值维度对成员社群意识、忠诚度及行为倾向的影响［J］．管理科学，2007，20（2）：36－45.

［175］靖鸣，宋兴明．大众传播的反馈效应模式研究：以电路反馈效应模式为参照系［J］．广西社会科学，2009（6）：128－132.

［176］李玉琼，陈凯．网络信息运动理论模式研究［J］．情报理

论与实践，2001，24（2）：81 – 83.

［177］李晶. 虚拟社区信息质量建模及感知差异性比较研究［D］. 武汉：武汉大学，2013：32 – 38.

［178］李娜. 顾客导向与 FFE 对产品创新绩效的影响研究［D］. 武汉：华中科技大学，2011.

［179］刘新梅，赵旭，陈玮奕. 流程正式化一定妨碍创造力吗？——知识治理与环境不确定性的作用［J］. 科学学研究，2017，35（2）：189 – 196.

［180］刘丽群，宋咏梅. 虚拟社区中知识交流的行为动机及影响因素研究［J］. 新闻与传播研究，2007，14（1）：43 – 51.

［181］刘倩，孙宝文. COI 社区在线交互对用户创意质量的影响［J］. 南开管理评论，2018，21（2）：16 – 27.

［182］楼天阳，陆雄文. 虚拟社区与成员心理联结机制的实证研究：基于认同与纽带视角［J］. 南开管理评论，2011，14（2）：14 – 25.

［183］罗时鑫. 口碑沟通对购买决策的影响研究［D］. 杭州：浙江大学，2007.

［184］孟庆兰. 网络信息传播模式研究［J］. 图书馆学刊，2008（1）：133 – 137.

［185］彭新敏，吴晓波，吴东. 基于二次创新动态过程的企业网络与组织学习平衡模式演化：海天 1971—2010 年纵向案例研究［J］. 管理世界，2011（4）：138 – 149.

［186］裘涵，田丽君. 虚拟社区的内涵及其建构的组织性路径［J］. 中南大学学报（社会科学版），2006，12（6）：752 – 756.

［187］秦伟平，赵曙明，周路路，等. 真我型领导与员工创造力：中介性调节机制［J］. 管理科学学报，2016，19（12）：83 – 94.

［188］史亚光，袁毅. 基于社交网络的信息传播模式探微［J］. 图书馆论坛，2009，29（6）：220 – 223.

［189］汤超颖，艾树，龚增良．积极情绪的社会功能及其对团队创造力的影响：隐性知识共享的中介作用［J］．南开管理评论，2011，14（4）：129－137．

［190］唐小飞，贾建民，周庭锐，等．遭遇员工态度问题和不公平价格的顾客满意度补救研究：基于顾客赢回管理的一个动态纵向评估模型［J］．管理世界，2009（5）：107－118．

［191］汪涛，何昊，诸凡．新产品开发中的消费者创意：产品创新任务和消费者知识对消费者产品创意的影响［J］．管理世界，2010（2）：80－92．

［192］汪涛，望海军．顾客参与一定会导致顾客满意吗？——顾客自律倾向及参与方式的一致性对满意度的影响［J］．南开管理评论，2008，11（3）：4－11．

［193］汪永星，赵西萍，周密，等．人际信任，知识特性在知识转移作用机制中的调节效应研究［J］．软科学，2012，26（9）：24－29．

［194］王睢．开放式创新下的知识治理：基于认知视角的跨案例研究［J］．南开管理评论，2009（3）：45－53．

［195］王欢，郭玉锦．网络社区及其交往特点［J］．北京邮电大学学报（社会科学版），2003，5（4）：19－21．

［196］王莉，任浩．虚拟创新社区中消费者互动和群体创造力：知识共享的中介作用研究［J］．科学学研究，2013，31（5）：702－710．

［197］王英玮．信息管理导论［M］．北京：中国人民大学出版社，2010．

［198］王伟．组织学习理论研究述评［J］．郑州大学学报（哲学社会科学版），2005，38（1）：68－71．

［199］王端旭，薛会娟．交互记忆系统对团队创造力的影响及其

作用机制：以利用性学习和探索性学习为中介［J］. 科研管理，2013，34（6）：106－114.

［200］王润良，郭秀敏，郑晓齐. 知识管理的维度与策略［J］. 中国软科学，2001（6）：43－47.

［201］王雨. 虚拟社区信息运动模式研究：以新浪微博为例［J］. 图书馆学研究，2017（14）：96－100.

［202］王一. 社交网络情境下知识创造过程模型构建［J］. 情报科学，2017（4）：145－149.

［203］王春国，陈刚. 体面劳动、创新自我效能与员工创造力：中国情境下组织文化的调节作用［J］. 管理评论，2018，30（3）：140－149.

［204］徐世甫. 网络舆情：城市公共安全危机的新症候［J］. 南京社会科学，2012（4）：64－69.

［205］许正良，董泽稼. 企业利用网络社区提升品牌价值的对策研究［J］. 社会科学战线，2013（11）：60－64.

［206］谢凤华，宝贡敏. 企业诚信与竞争优势的关系研究：基于苏州等六地 188 家企业的实证调查［J］. 南开管理评论，2005，8（4）：36－38.

［207］应力，钱省三. 知识管理的内涵［J］. 科学学研究，2001，19（1）：64－69.

［208］余晓娟. 旅游者网络社区的功能与市场意义研究［J］. 旅游学刊，2007，22（6）：80－85.

［209］原欣伟，杨少华. OUIC 的知识创造：研究综述与理论分析框架［J］. 情报科学，2017，35（7）：162－169.

［210］赵伯兴. 产品创新 FFE 用户的信息需求与服务研究［J］. 情报探索，2007（11）：7－9.

［211］翟丽，洪志娟，张芮. 新产品开发 FFE 研究综述［J］. 研

究与发展管理，2014，26（4）：106－115.

［212］张果．网络空间论［D］．武汉：华中科技大学，2013.

［213］张洪石，陈劲，高金玉．突破性产品创新的 FFE 管理研究［J］．研究与发展管理，2004，16（2）：48－53.

［214］郑彬．品牌危机对品牌关系质量和购买意愿的影响研究［D］．广州：暨南大学，2011.

［215］朱东红．网络社区交互对消费者购买意愿的影响：基于比较的视角［D］．武汉：华中科技大学，2012.

索 引

B

B 端创意主题 …………………… 5

C

C 端创意主题 …………………… 5
创新路径………………………… 10
创意激励………………………… 52
创意战略………………………… 59
创意组合管理…………………… 85

D

动态纵向变化…………………… 11

G

过程形式化……………………… 52

L

路径机制………………………… 30

Q

前端创新绩效 …………………… 5

T

探索式学习……………………… 10

X

显性知识………………………… 28
消费经验知识…………………… 47
消费情感………………………… 58
信任理论 ……………………… 5
信息传播理论 ………………… 5

Y

应用式学习……………………… 10

Z

知识创造力 …………………… 3
知识管理 ……………………… 5
资源创新平台 ………………… 3
组织学习 ……………………… 4